现代语境下大学生思想道德教育创新路径探索

李丽芬　著

西北工业大学出版社

西安

【内容简介】 本书以大学生思想政治教育的理论知识和新时代大学生思想政治教育的现状为基础，论述大学生思想政治教育中存在问题的原因及解决的方法，从而完善新时代大学生的思想政治教育工作。全书共分为 7 章，内容包括当代大学生思想政治教育工作要点概述、大学生思想政治教育模式创新、大数据时代大学生道德教育的指导思想与方法、现代语境下大学生思想政治教育队伍建设创新、现代语境下大学生思想政治教育载体创新、现代生活科技化时代中大学生思想政治教育创新、现代素质教育视域下的大学生思想道德教育等。

本书可为高校思想政治教育工作者加强大学生思想道德教育提供一定的理论思考和路径参考。

图书在版编目(CIP)数据

现代语境下大学生思想道德教育创新路径探索 / 李丽芬著． — 西安：西北工业大学出版社，2021.12
ISBN 978 - 7 - 5612 - 8069 - 0

Ⅰ．①现⋯ Ⅱ．①李⋯ Ⅲ．①大学生-思想政治教育-研究-中国 Ⅳ．①G641

中国版本图书馆 CIP 数据核字(2021)第 255223 号

XIANDAI YUJING XIA DAXUESHENG SIXIANGDAODE JIAOYU CHUANGXIN LUJING TANSUO
现 代 语 境 下 大 学 生 思 想 道 德 教 育 创 新 路 径 探 索
李丽芬 著

责任编辑：黄 佩		策划编辑：张 晖	
责任校对：陈 瑶		装帧设计：李 飞	

出版发行：西北工业大学出版社
通信地址：西安市友谊西路 127 号　　邮编：710072
电　　话：(029)88491757，88493844
网　　址：www.nwpup.com
印 刷 者：西安真色彩设计印务有限公司
开　　本：787 mm×1 092 mm　　　1/16
印　　张：9.25
字　　数：231 千字
版　　次：2021 年 12 月第 1 版　　2021 年 12 月第 1 次印刷
书　　号：ISBN 978 - 7 - 5612 - 8069 - 0
定　　价：58.00 元

前　言

习近平总书记指出："高校思想政治工作关系高校培养什么样的人、如何培养人以及为谁培养人这个根本问题。要坚持把立德树人作为中心环节,把思想政治工作贯穿教育教学全过程,实现全程育人、全方位育人,努力开创我国高等教育事业发展新局面。"新时代我国加强和改进高校思想政治工作,也坚持把立德树人作为根本任务。大学生思想政治教育与大学生道德教育既有紧密联系,也存在差异与区别,这要求实际开展中既探寻两者关联互为支撑,也要避免混为一谈。要实现两者的有效结合,培养合格的社会主义建设者和接班人,关键要了解两者的区别与联系。

一方面,大学生思想道德教育通过大学生道德认知提升实现道德内化。随着大学生道德认知不断提升以及诸多能力培养潜移默化熏染,道德会逐渐由外及内渗入到心灵深处,形成不自觉的规范习惯,并会基于道德理念去审视周遭。这有利于大学生端正态度与行为,为大学生思想政治教育开展打下基础。另一方面,大学生道德教育囊括广泛,所包含内容与大学生思想政治教育高度契合。道德教育包括民族文化教育、民族精神教育、理想信念教育、遵纪守法教育等,而这些内容与思想政治教育中的爱国主义、集体主义、社会主义等密切相关,尤其是民族文化教育与精神教育更是意义重大、影响深刻。此外,大学生思想政治教育不仅着眼于当下,而且也要建立与过往历史的关联,还要放眼未来谋划美好愿景。道德教育扎根传统文化,沿承传统优秀道德内涵,同时又在时代更迭中不断进行创新,推动传统文化与现代社会相融共生。这可以为大学生思想政治教育"继往开来"铺设道路,切实提升大学生道德水平与思想政治水平,使大学生将个人发展与国家利益相结合,切实为中国特色社会主义建设大业做出贡献。

全书共分为 7 章,内容包括当代大学生思想政治教育工作要点概述、大学生思想政治教育模式创新、大数据时代大学生道德教育的指导思想与方法、现代语境下大学生思想政治教育队伍建设创新、现代语境下大学生思想政治教育载体创新、现代生活科技化时代中大学生思想政治教育创新、现代素质教育视域下的大学生思想道德教育等。

在写作本书过程中,借鉴了很多相关的研究成果,在此对有关的学者表示诚挚的感谢。

因笔者学识所限,书中可能存在疏漏、片面之处,恳请广大读者予以指正,以便使本书不断完善。

著　者

2021 年 5 月

目　录

第一章 当代大学生思想政治教育工作要点概述

第一节 大学生思想政治教育环境的优化

大学生作为宝贵的人才资源,在对其进行思想政治教育时,不仅仅要研究和提炼所传授的知识内容,提高科学性,而且要准确把握对象特点,增强针对性,避免自上而下的高压灌输和"就教论教"的教育方式。说到底,大学生思想政治教育工作就是一个外界环境与教育对象遥相呼应、相互促进、情感交融、共同发展的过程。因此,从解析环境入手,分析大学生思想政治教育面临的挑战和对策,具有现实意义和实效性。

一、优化大学生思想政治教育环境的必要性

优良的育人环境是大学生成才的必要条件,也是对大学生进行思想政治教育的重要支撑。当前大学生所处的环境是多维的、复杂的,既有正面影响的激励,又存在负面影响的干扰。因此,加强和改进大学生思想政治教育要立足于时代发展的新特点、社会发展的新要求和大学生的内在需要。尤其要研究大学生的内在需要与大学生思想政治教育现实环境之间的差距,研究对策,制定措施,优化环境,促进大学生思想政治素质的提高。

二、社会转型期环境的变化与挑战

1.社会环境的变化影响人们的价值判断

(1)随着社会的深入发展,贫富差距、公平失衡、分配不均、就业困难等问题接踵而来,深深影响大学生的价值选择和道德趋向。当代大学生的价值观念和行为方式与传统的思想政治教育内容不符或不对称,出现了一些新矛盾和新问题。来自不同家庭的大学生自入学起,就深深地打上早期生活阅历的烙印,从而使大学生自觉不自觉地形成了各具特色的群体,如贫困生群体、独生子女群体、单亲家庭群体等。不同成长经历的大学生群体在思想和观念上风格各异,这意味着当前思想政治教育更趋向层次化、个性化和精细化。

(2)高度集中的计划经济时代,集体的利益高于一切,个人的利益必须绝对无条件服从集体的利益。思想政治教育也相应把社会价值和个人价值对立起来,个人价值被忽略,道德成为评判人的价值的重要依据。在社会主义市场经济条件下,个人的价值得到尊重,个人的价值和利益相挂钩,个人利益和集体利益相抵触时,既要考虑集体利益,也要兼顾个人利益,

从而使经济利益与按劳分配密切相关。这需要思想政治教育更具人性化和科学化。

（3）社会的公共道德体系受市场经济负面的影响，使人们不能及时、正确地树立正确的人生观、价值观和世界观，理想信念摇摆不定，社会的公共道德防线有被突破的风险。这要求大学生思想政治教育工作在观念、内容和方法等方面进行更新和充实，既能从精神层面上进行引导，又有相应的物质鼓励，使正确的价值、观念和品性得到推崇与效仿。

2. 高等教育的大众化和知识经济社会带来的变化

（1）高等教育的大众化为更多的学生提供了升入大学的机会，但随着高等教育的改革，交钱上大学和花钱买教育的观念一度影响了学生和家长的思维方式和行为。尤其是当他们想象中的高等教育与现实中的大学不相符时，他们的心理落差会深深影响他们的行为和选择，有时甚至表现出极端行为，为社会和学校的安全与稳定留下隐患。

（2）当前的思想政治教育工作已经深入人心，得到社会的认可。当代大学生已逐步认识到思想政治教育在提高自身综合素质方面具有不可替代的作用，要求接受思想政治教育和提高思想政治教育实效性的呼声日益增高。与之相适应，必须改革大学生思想政治教育内容、方法和手段，做到与时俱进，观念创新。

（3）在尊重自我、张扬个性的时代，单一的教育模式和标准化的教学方式受到极大挑战，必须更新观念，因材施教，精雕细琢。"一把钥匙开一把锁"和"情感交流"的教育方法受到推崇。"没有不成功的学生，只有失败的教育"的理念深入人心。

（4）"师道尊严"的观念受到挑战。传统教师传授模式已经受到信息化社会的冲击。以前，教师的知识拥有量无论在深度还是在广度等方面都远远超过学生，这是教师的资本。在教学中，学生只能被动地接受知识，无主动性可言。在信息化社会中，家长、教师的权威正逐渐削弱，教育过程正在从单向教育向双向互动转化，"师不必强于弟子"的时代已经到来，师生之间知识差正在逐步丧失。

（5）理论与实践的差距在缩小，理论教育的权威性受到挑战。当理论领跑实践的时候，理论教育是非常容易的；反之，理论教育的效果则大打折扣。当前，大学生面临的新问题、新困难、新矛盾层出不穷，急需用科学的理论进行引导和教育，但现实的思想政治教育理论缺乏有效的应对方法和措施，空泛、抽象的理论失去了先前的魅力。

（6）以人为本的观念对科学、民主、依法管理的培养模式提出了新要求，要我们尝试着去喜欢每一个与众不同、风格迥异的人。研究每个人的不同之处，使每个人的潜能得到最大限度的发挥是"以人为本"的核心价值所在，教育工作者应成为"雕塑家"去塑造人，而不是作为"工匠"去铸造人。

三、优化大学生思想政治教育环境的方法和对策

环境的变化对我们提出了严峻的挑战，我们要坚信在适应环境的过程中，能对所处的环境有目的、有计划地施加影响，为我所用，促进大学生思想政治教育工作的顺利进行。要顺应全社会重视大学生思想政治教育的趋势，坚信思想政治教育的功能。

目前，大学生思想政治教育受到极大的挑战，成效不明显，社会抱怨和否定的声音不绝于耳，但我们相信，经过多年的探索和实践，大学生思想政治教育工作总体状况是好的，大学

生主流是向上的,大学生是爱国、爱党和坚持走中国特色社会主义道路的,这就是思想政治教育的成果和绩效。

1. 优化大学生思想政治教育环境的方法

(1)坚持用正面教育的方法。实践证明,正面教育的效果是积极的、直接的,能够使大学生有意识地纠正自己的品行,按照教育者的期待去思考和作为。

(2)改变大学生思想政治教育效果的评价方式,定性评价和定量评价相结合。思想政治教育的功效是隐性的、非直接的。我们既要在教育过程中定量测评学生受教育前后的思想变化,又要结合教育目的定性评价学生的行为表现,两者相结合,科学界定教育的功效。

(3)大学生的思想是可塑的。大学阶段是大学生走向成熟的重要时期,也是进行思想政治教育的关键时期。空洞的理论说教和"压迫式"教育已经难以奏效,只有为学生创造良好的实践环境和条件,为他们的成长成才搭建平台,让学生在自我实践和考察中进行定位和选择,才能促进学生身心的健康发展。

2. 优化大学生思想教育环境的对策

(1)使学生在日常生活中接受教育。当思想政治教育成为一门科学时,思想政治教育的过程就成为知识传授过程。学生的学习就是与抽象的概念、原理打交道的过程,用考试来检测学生掌握知识的熟练程度,压抑了学生学习的兴趣。思想政治教育本身就是一门活生生的学科,道德教育与知识教育是两个不同的过程,道德教育需要在生活中熏陶和培养,知识教育需要在严格的条件下才能进行。因此,我们在日常生活中教育学生处理好人与人、人与社会、人与环境之间的关系,从不同的角度来增加学生对思想政治教育的认同感。从处理好"人与人的关系"中,对学生进行道德教育、品质教育;从处理好"人与社会的关系"中,对学生进行政治教育、思想教育;从处理好"人与环境的关系"中,教育学生增强和谐发展意识和保护环境观念。社会生活才是思想品德的基础和原发动力,思想政治教育应该融于整个社会生活和自然环境中,而不是抽象地泛泛而教。

(2)使用科学的教育方法和手段,提高思想政治教育效果。实现大学生思想政治教育工作的专业化、专家化和职业化的关键就是要能不断地寻找新的教育技巧和方法,找到或创造出合适的开锁钥匙。抛弃工具性的价值观,把思想政治教育工作当作一项事业来看待,而不应成为谋生的手段和工具。只有这样,教育工作者才能在精神追求、价值选择和意志品行等方面自觉地影响和感染学生,也才会自觉地改进和创新思想政治教育的手段和方法。

(3)调动大学生的积极性和创造性,使思想政治教育成为大学生的内在需求和动力。思想政治教育工作者要通过多种方式和方法把社会、教师和家长的希望和要求传递给学生,唤醒和调动他们的内在情感和价值需要,使他们在领悟和感受过程中内化知识,使他们蕴藏的潜力得到发挥,成为能充分发挥自主性和能动性的人。

(4)加大校园文化建设力度,发挥文化的教育作用。在当前人治、道德、法制、机制、文化等多种约束力综合起作用的情况下,怎样发挥综合效力,使思想政治教育成为大学生的内心认同和发展指向,成为人们关注的课题。人治是我们习惯的行为方式,人管人是最可靠的,也是有效的,但效益却是最差的,当管理者稍微懈怠时,工作的持续性和自觉性就没有了保障。机制像"一只看不见的手",规范着人们按照管理者的意图去行为,能提高管理的效益和持续性。"机制和法制"管人是靠外在的力量,有时很难引起大学生的共鸣和认同,容易产生抵触情绪和心理障碍。道德和文化是最高层次的约束力,它强调人们的内心自觉和良知唤醒,不仅可以使教育对象在行为上与期望一致,更重要的是在价值观念、处世原则等层面达到统一,从而保证在思想观念、价值观指导下所有行为的高度自觉。借助机制、道德、文化,拓展思想政治教育的途径,延伸思想政治教育的手段,不但可以提高思想政治教育工作的成效,也是促进思想政治教育工作社会化的有益尝试。

第二节 新时代大学生思想观念特点分析

2018年习近平总书记在全国教育大会上指出,要坚持党对教育事业的全面领导,坚持社会主义办学方向,坚持把立德树人作为根本任务。新时代大学生的思想观念特点已出现明显变化,具有鲜明的新时代特征。但思想观念有正确与错误、健康与不健康之分。思想意识的好坏反映了一个人的道德水准。对大学生而言,思想观念状况体现的就是群体行为的结果,从深层次上看反映了当前高等教育的施教效果、人才培养成效等宏观问题。

虽然不同时代的大学生思想观念具有共性,但也有不同历史阶段的鲜明个性,如今"00后"已进入大学生行列。在新时代下成长的这一代大学生,是在相对成熟的互联网环境下成长起来的一代,是伴随高铁、微信、支付宝、云数据、智能化等高新技术成长起来的一代。大学生日常行为与网络行为紧密地联系在一起,其容易受到网络多元思潮的广泛冲击。从总体上看,新时代大学生的思想观念主要呈现出以下特点。

一、多样性过程中趋向务实

大学生的思想观念受到社会经济状态及其变化的影响。随着改革开放和社会主义市场经济体制的逐步确立,我国社会思想观念领域经历了一系列复杂嬗变,反映在大学生思想观念方面,一个显著的倾向就是大学生思想观念在复杂多样过程中趋向务实。其主要表现在三方面:

一是同一时期大学生群体对同一事物认识上逐渐多样化,替代了原来的单一化。这表明大学生在认识判断体系中有其复杂的成因,更深层次上看是社会价值文化体系变化的折射。

二是同一大学生个体对不同时期同一事物认识判断不同。这种易变的认识判断经常发生在其大学生活阶段。这不仅表明社会文化生活本身变化迅速,同时也说明了处于青年阶段大学生认识判断的不稳定、不成熟性。

三是同一时期同一团体中的大学生,认识判断水平和标准参差不齐。这不仅表明了个人思想和追求的丰富性,也说明了认识判断形成的复杂性。分析大学生思想观念及其变化,从各时期思想观念主张种种倾向看,明显反映出大学生思想观念及其价值观取向逐渐务实的突出特征。以前具有崇高理想色彩的价值取向逐渐淡化,追求生活实际价值,追求个人价值实现逐步成为大学生价值追求主流,并且有一些学生坠入了追求眼前利益,追求生活享受的低层价值取向。

二、价值选择中由社会本位向个体本位转化

社会本位是个人放弃自身生活价值追求,追随和完全依托一种外在、既设的价值选择。这种外在、既设的价值选择体系可能是比较科学的价值系统,也可能是伪科学理论。个人本位一般来讲是指追求个人独立、自由、个性解放、个人价值实现的一套价值系统。在社会发展的不同阶段,个人本位与社会本位究竟哪一套价值系统更应是人们追寻的,是一个很复杂的理论课题。

在多年的价值转型中,大学生思想价值取向由社会价值本位向个人价值本位转化是一个不争的事实。在政治观上,由以前简单、朴素,有时是狂热的政治追求逐渐转为目前的对政治降温、淡化、旁观,多数学生把政治追求同自己的个人价值实现紧密结合起来。在人生观上,由以前认为的人生就应为社会、为他人奋斗、服务,逐渐转变为把人生的个人奋斗、个人享受与为社会做贡献结合起来。当个人利益与社会利益发生冲突时,相当多数的学生选择保护个人利益。在道德观上,目前大学生道德选择和追求与以前相比,崇高的精神少了,多了个人利益取舍的成分。在审美观上,把审美判断从"形而上"的崇高精神活动拉到了世俗生活,追求世俗生活愿望的价值判断标准多起来。大学生政治观、人生观、道德观、审美观中的这些变化,都表明了他们的价值追求由社会本位向个人本位的转化。

三、价值评价中趋向实用

价值评价从更多地以长远的价值理想、形而上的理论体系为主要参照,到更多地以近期的个人生活需要为主要参照。这种价值判断标准体系的转化,表明社会变革中人的社会需求的转变:是一种社会生活中以思想生活为主或者是侧重强调精神生活,还是以现实社会物质生活为主,侧重强调社会物质生活在人们思想观念上的折射。从现实社会演进过程中,能够直观看到:在社会冲突、动荡或处于革命状态的过渡时期,社会价值观念更注重对精神方面的追寻。在社会平衡发展,没有较大的社会冲突的时期,人们思想观念中更注重对物质方面的追求。进入新时代,我国社会物质生活对大学生思想观念的影响愈发直接。在这种大背景下,大学生思想观念逐步趋向社会生活、趋向实用。在整个社会都处于对物质生活追求的浓重氛围中,我们无理由要求处于社会生活之中的大学生们能一尘不染地生活在纯净的崇高理想生活中,他们也不可能脱离社会。

四、思想意识整体呈现积极进取的态势

思想意识的主体是社会生活中的人。社会的发展与进步,推动人类探寻有价值的精神生活。社会生活既给人类提供了探寻思想意识的实践载体,又使人类在社会进步的趋势和规律中更易接近对事物本质的认识。人在自己的历史活动中创造了社会,也创造了人本身,既包括人的物质本身,也包括人的精神本身。进入新时代,虽然青年价值观呈现多元化的态势是不争的事实,但是,社会发展推动了人类认识的加深,作为实践反映的大学生思想观念的进步也是不可置疑的。随着社会生活进步,大学生思想意识从整体上呈现出积极进取的态势,在变革中逐步走向全面和深刻,更趋向理想的状态。成长中的大学生不仅强调自我价值,而且注重社会价值;不仅汲取西方价值文化中的精华,而且注重吸收我国传统价值文化

中的先进精神。在政治价值观方面,大学生对中国特色社会主义共同价值逐渐认定,对邓小平理论、三个代表重要思想、科学发展观特别是习近平新时代中国特色社会主义思想指导中国特色社会主义建设高度认可。在社会发展方式上,大学生对社会主义市场经济体制积极肯定。随着社会发展对高层次人才需要的增加,努力成才,成为大学生的主流追求,积极要求入党的大学生比例持续增长。

总之,进入新时代,我国大学生在党和政府的关怀和学校的教育下健康成长,思想意识的主流是积极向上的,但在大学生中也存在一些值得高度重视的突出问题和深层次问题,值得教育工作者认真研究解决。

第三节　大学生思想政治教育面临的机遇和挑战

作为从事高校学生教育、管理和服务工作的教师,一定要认真学习贯彻中共中央、国务院《关于加强和改进新形势下高校思想政治工作的意见》(以下简称《意见》)(2017 年 2 月 27日),把思想认识进一步统一到中央对加强和改进大学生思想政治教育工作的部署上来,切实增强使命感、紧迫感、责任感。

《意见》指出,加强和改进高校思想政治工作的基本原则是:①坚持党对高校的领导。落实全面从严治党要求,把党的建设贯穿始终,着力解决突出问题,维护党中央权威、保证党的团结统一,牢牢掌握党对高校的领导权。②坚持社会主义办学方向。坚持马克思主义指导地位,坚持以人民为中心的发展思想,更好为改革开放和社会主义现代化建设服务、为人民服务。③坚持全员全过程全方位育人。把思想价值引领贯穿教育教学全过程和各环节,形成教书育人、科研育人、实践育人、管理育人、服务育人、文化育人、组织育人长效机制。④坚持遵循教育规律、思想政治工作规律、学生成长规律。把握师生思想特点和发展需求,注重理论教育和实践活动相结合、普遍要求和分类指导相结合,提高工作科学化、精细化水平。⑤坚持改革创新。推进理念思路、内容形式、方法手段创新,增强工作时代感和实效性。

一、大学生思想政治教育的现状

目前,我国在校大学生超过 4 000 万人。加强和改进大学生思想政治教育,提高他们的思想政治素质,把他们培养成中国特色社会主义事业的建设者和接班人,对于全面实施科教兴国和人才强国战略,确保我国在激烈的国际竞争中始终立于不败之地,确保实现全面建成小康社会、加快推进社会主义现代化的宏伟目标,确保中国特色社会主义事业兴旺发达、后继有人,具有重大而深远的战略意义。

大学生是十分宝贵的人才资源,是民族的希望、祖国的未来,也是家庭的期待。无论教育主管部门还是高等学校及社会各有关方面,都应高度重视大学生思想政治教育工作,形成全党全社会共同关心的强大合力。青年兴则国家兴,青年强则国家强。一代又一代大学生健康成长,我们的祖国必将充满蓬勃的生机和活力,社会主义现代化建设的宏伟目标必将变成美好的现实。

高等学校认真贯彻落实中央要求,思想政治教育工作取得良好成效。当代大学生思想政治状况的主流积极、稳定、健康、向上。他们热爱党,热爱祖国,热爱社会主义,坚决拥护党的路线方针政策。但国际国内形势正在发生深刻变化,大学生思想政治教育既面临有利条件,也面临严峻挑战。加强和改进大学生思想政治教育是一项重大而紧迫的战略任务。

加强和改进大学生思想政治教育是一项希望工程、社会工程。全社会都应关心大学生的健康成长,支持大学生思想政治教育工作,努力营造大学生思想政治教育工作的良好社会环境。作为从事高校学生教育、管理和服务工作的教师,更应当言传身教,切实为完成这项长期任务贡献力量。做好这项工作,全面贯彻落实党的教育方针,紧密结合全面建成小康社会的实际,以理想信念教育为核心,以爱国主义教育为重点,以思想道德建设为基础,以大学生的全面发展为目标,坚持以人为本,贴近实际、贴近生活、贴近学生,努力提升思想政治教育工作的针对性、实效传和吸引力、感染力,培养德智体美劳全面发展的社会主义合格建设者和接班人。

二、探索加强和改进大学生思想政治教育的新途径

目前,各高校陆续推出一系列新的举措,宣传、文化等系统也陆续出台相应的落实措施,以使党中央的部署得到落实。

怎样才算把大学生的思想政治教育摆在更加突出的位置?最根本的是要把大学生思想政治教育作为高校教学育人的基础性工作和系统工程来抓。充分认识新形势下进一步加强和改进大学生思想政治教育工作的重要性和紧迫性,增强历史责任感和使命感,坚定信心,狠抓落实,切实把大学生思想政治教育工作提高到一个新的水平。要进一步加强和改进大学生思想政治教育工作,既要认真坚持我们党在长期实践中积累起来的宝贵经验和被实践证明是行之有效的重要原则,又要解放思想、实事求是、与时俱进,根据时代发展的要求,不断在观念、内容、方法和体制机制等方面改进创新,不断总结和创造新经验。

要加强和改善党对高校的领导。要完善高校党的领导体制,坚持和完善普通高校党委领导下的校长负责制,高校党委对本校工作实行全面领导,履行管党治党、办学治校的主体责任,切实发挥领导核心作用。按照社会主义政治家、教育家标准,选好配强高校领导班子特别是党委书记和校长。高校党委书记主持党委全面工作,履行高校思想政治工作和党的建设第一责任人的职责。校长是学校的法人代表,在党委领导下组织实施党委有关决议,行使高等教育法等规定的各项职权。其他党委班子成员履行"一岗双责",结合业务分工抓好思想政治工作和党的建设工作。要强化院(系)党的领导,发挥院(系)党委(党总支)的政治核心作用,履行政治责任,保证监督党的路线方针政策及上级党组织决定的贯彻执行。认真执行民主集中制原则,通过院(系)党政联席会议讨论和决定本单位重要事项,健全院(系)集体领导、党政分工合作、协调运行的工作机制,提升班子整体功能和议事决策水平。要加强高校基层党建工作,建立健全高校基层党组织,加强教师党支部、学生党支部特别是研究生党支部建设,充分发挥党支部战斗堡垒作用。坚持党的组织生活各项制度,组织党员深入开展"两学一做"学习教育、党史学习教育,认真做好在高校优秀青年教师、高校学生中发展党员工作,加强党员日常管理监督。要健全地方党委抓高校思想政治工作制度,切实加强组织领导和工作指导,坚持和完善党委定期研究、领导干部联系高校等制度,建立部门协作常态机制,形成党委统一领导、党政齐抓共管、职能部门组织协调、社会各方积极参与的工作格

局。高度重视民办高校、中外合作办学中党的建设和思想政治工作,探索党组织发挥政治核心作用的有效途径,完善政策保障和经费支持,为加强和改进高校思想政治工作创造良好条件。

1. 以人为本,德育为先

学生是学校思想政治教育的主体。我们应当把促进大学生成长成才和全面发展作为思想政治教育的根本价值取向,尊重人,理解人,教育人,引导人,关心人,帮助人。把学生作为学校教育的动力主体,激发学生自我教育的主动性和积极性;把学生作为学校教育的权益主体,为学生全面发展提供高质量的教育和高水平的服务;把学生作为学校教育的发展主体,促进学生综合素质的提高和整体能力的增强。要想让思想政治教育离学生"更近",就应围绕学生在学习、成才、健康、生活、交友、恋爱、求职、就业等方面遇到的现实问题,有针对性地开展思想政治教育,增强思想政治教育的亲和力。

此外,我们还应遵循和把握大学生思想道德发展的规律,坚持教书与育人相结合,坚持教育与自我教育相结合,坚持政治理论教育与社会实践相结合,坚持解决思想问题与解决实际问题相结合,坚持教育与管理相结合,坚持继承优良传统与改进创新相结合,有的放矢、循序渐进、生动活泼、富有成效地开展思想政治教育。

2. 爱国守法,全面发展

(1)以爱国主义教育为重点。突出民族精神教育,引导大学生在中国特色社会主义的伟大实践中,在时代进步和社会发展中,继承和弘扬中华民族优良传统和革命传统,增强民族自尊心、自信心和自豪感,培养爱国情怀、改革精神和创新能力,始终保持艰苦奋斗的作风和昂扬向上的精神状态;同时,以宽阔的视野汲取人类文明的一切优秀成果,增强参与国际竞争的素质和能力。

(2)引导大学生自觉遵守爱国守法、明礼诚信、团结友善、勤俭自强、敬业奉献的基本道德规范。要深入研究学生的接受心理和知行转换机制,精心设计思想政治教育的基本要求,把道德实践活动融入大学生的学习和生活之中。

(3)突出素质教育,将思想政治教育与素质教育贯通起来、融合起来,以素质教育为依托和支撑,拓展和延伸思想政治教育的内容空间,寻求两者相互促进、共同提高的结合点,实现两者的良性互动,促进学生思想道德素质、科学文化素质和身体心理素质的协调发展。

3. 创新课堂教学,探索理论新路

应当充分发挥政治理论课、思想品德课、形势政策课等课程的整体育人功能,明确各自定位,增强综合效能。要发扬理论联系实际的学风,围绕大学生普遍关心的改革开放和现代化建设中的重大问题,坚持传授知识与思想教育的结合,系统教学与专题教育的结合,理论武装与实践育人的结合,改革教学内容,改进教学方法,改善教学手段,做好释疑解惑和教育引导工作。

为了发挥课堂在大学生思想政治教育中的主渠道作用,应当在思想政治理论课的建设和改进方面进行积极的探索。把思想政治理论课摆在重要位置,在创新中提高思想政治理论课教学水平,着力培养学生研究分析问题的能力。作为教师,要讲授正确的思想观点,不能只是简单地提供所有问题的答案,而是要着力于培养学生研究分析问题的能力和创新的能力,并鼓励学生对重大的理论问题,现实的热点、难点、疑点问题有研究兴趣。

4. 创造人文环境,构建和谐校园

按照建设先进文化的要求,注重校园文化的育人功能,努力建设体现社会主义特点、时代特征和学校特色的校园文化,形成优良的校风、教风和学风。按照构建和谐社会的要求,高度重视文化环境建设,弘扬中华民族精神,借鉴人类文明成果,高扬主旋律,提倡多样化,建设积极、健康、生动、和谐的校园文化环境。按照推进素质教育的要求,突出文化素质教育,完善文化活动设施,加强文化阵地建设,开展丰富多彩、积极向上的学术、科技、体育、艺术、娱乐活动和专题教育活动,把德育与智育、体育、美育、劳育有机结合起来,使学生在广泛参与中陶冶情操、优化素质、完善人格、提升境界。同时,要加强网络载体建设,拓展教育空间,全面加强校园网建设,使网络成为弘扬主旋律和开展思想政治教育的重要手段,形成网上网下思想政治教育的合力。另外,加强心理健康教育也不容忽视。

搞好大学生的思想政治教育,不仅仅是高校领导和思想政治教育工作者的事,更是全体师生共同的责任和使命,要把大学生的思想政治教育工作作为一项系统工程来抓。就高校而言,每一个教师不仅是知识的传授者,也应当是一个志愿的思想政治教育工作者。所谓为人师表,应是全面的,包括思想上积极上进、健康向上,作风上严于律己、率先垂范等。如果一边是思想政治教育工作者在不停地做工作,另一边是教学和科研人员有意无意地通过自己的言行给学生传导消极、不健康的思想和观念,那么,即使有再多的思想政治教育工作者,即使他们在学生身上花费再多的时间和精力,其工作的效果也会被那些反面的东西一笔勾销。学生不仅生活在校园内,也会广泛地接触社会,必须抓好整个社会环境的建设和治理。只有这样,学生思想上的进步和道德水平的提高,才会有扎实的根基。从这个意义上说,作为一项系统工程,加强和改进大学生思想政治教育是全社会的共同责任。

第四节 大学文化与教学方式和大学生思想政治教育

一、大学文化与大学生思想政治教育

大学文化是大学长期倡导的,被其成员认可、践行的价值观、信仰与行为规范的总和,是大学价值传统、思想行为、规章制度的综合体。大学文化具有区域个性特点,涵盖诸如信念准则、思维模式、价值追求与道德风气等精神要素。创建先进、高水准的大学文化,为弘扬现代大学精神提供了有力的保障。只有整体规划、统筹兼顾,创造大学文化品位,才可以建设大学精神家园,推动和谐校园的建设。大学在长期的积淀与创造中形成的品格就是大学文化。传承、传播与创造文化是大学文化的重要任务。大学文化的一项突出功能就是育人,即文化具有培养、培育人的功能,以文化为载体与途径,培养具有科学、正确的人生观、价值观,具备健全品格的个体。从宏观层面理解是文化的传承创新,落实到微观领域则是指个体品德修养与知识的培育。实际上就是借助优秀的大学文化培育德智体美劳全面发展的社会主义事业接班人,以此实现"文化育人"功能。

世界观、人生观和价值观是人对世界、人生和社会生活的总体看法和基本评价,是人的精神世界的主体内容,也是其他方面观点和态度的基础和背景。从一定意义上讲,一个人的"三观"决定着这个人的精神面貌,决定着他是一个怎样的人。大学文化是一种教育文化。培养人才是高校不同于其他社会组织的首要特征。培养什么样的人才和怎样培养人才,是高校面对的最重要的问题。大学文化包含学校的教育理念、最高目标、办学方针、教学模式、治学态度等,反映一个学校的价值观、人才观和一种对社会的态度。学校的校训、校歌、校徽、校风、校规等,都精练、严肃、规范地表达出学校的教育环境特征,以一种无形的力量规范着大学生的行为,塑造着大学生的精神人格。大学生长期置身于这种文化中,不知不觉接受着它的熏陶,潜移默化地塑造着自身的人格,大学文化对大学生产生"蓬生麻中,不扶自直""入芝兰之室,久而自芳"的教育效果。

大学文化是文化建设的重要阵地,是发展先进文化的动力。在发展先进文化中,大学文化发挥着主力军的作用。在大学生思想政治教育中,大学文化发挥着主导作用。现代大学总是立足于本国、本民族,面向世界、面向未来建设,形成自己的大学文化。大学创造的思想理论、科技成果和其他文化成果对整个社会文化的发展具有先导性作用。大学的光辉发展历史,校园的文化古迹,大师的著名语录、事迹以及丰富多彩的学术交流与讲座等对大学生思想观念的形成起着无形而又巨大的作用。大学文化孕育出的大学生的思想素质、精神面貌是大学文化的承载者和体现者,大学文化培育出的大学生是社会发展的先驱、民族的脊梁。

二、教学方式与大学生思想政治教育

1. 转变教学理念,树立以学生为中心的思想

教师在教学中应转变教学理念,树立以学生为中心的思想。了解学生思想状况是以学生为中心、加强教育针对性的前提条件。当代大学生思想政治状况的主流是积极、健康、向上的。同时,受一些负面因素的影响,一些大学生不同程度地存在政治信仰迷茫、理想信念模糊、价值取向扭曲、诚信意识淡漠、社会责任感缺乏、艰苦奋斗精神淡化、团结协作观念较差、心理素质欠佳等问题。加强和改进大学生思想政治教育,必须面对大学生的这一实际,根据大学生的身心发展特点和教育规律,通过多种形式、多种途径,帮助大学生提高思想道德素质、增强心理素质,不断提高思想和精神境界,切实增强克服困难、经受考验、承受挫折的能力。思想政治教育既要教育人、引导人,又要关心人、帮助人。当前,社会主义市场经济体制的逐步完善,高等学校的改革以及大学生自身成长环境的变化,使他们时常面对学习成才、择业交友、心理健康等问题。帮助和指导大学生有效解决这些问题,不仅有助于他们健康而全面地发展,还可以使他们更好地接受思想政治教育提出的要求。脱离大学生实际,只教条式地把思想政治教育的要求灌输给他们,不仅不能取得预期效果,也与思想政治教育的目的相违背。

思想政治理论课必须通过一定的知识传授,通过学生对事实、现象和理论的认知、理解来实现。在教学过程中教师必须了解学生的知识水平和能力,才能进行必要的和有针对性的知识传授。然而,思想政治理论课又不是一般意义上的知识教育,而是一种含有价值取向

的思想政治教育,那种以"知识性""学术性""客观性"等来淡化或否认思想政治理论教育的思想是错误的。在教学过程中,要善于将价值的引导寓于知识的传授中,将知识传授置于科学价值观的引导中进行,使教学具有吸引力和感染力,而知识的传授与价值的引导都应是在充分了解学生的基础上进行的。

2. 建立科学的评价体系

为了提升思想政治理论课的教学实效性,必须建立科学的评价体系。思想政治理论课教学的实效性通常以对学生的思想与行为影响的深浅程度和所达到的客观效果作为评价标准,可以从以下几个方面进行考虑。

(1)从教育教学的内容和目的看,思想政治理论课教育教学的实效性是知识传授与思想政治教育的统一。它既反映教师传授相关知识的水平,又反映学生优良思想政治素质的养成程度。科学性与思想性是辩证统一的,两者不可偏废。

(2)从产生影响的深度和广度看,思想政治理论课教育教学的实效性是内外双重因素影响的统一,既表现为外在化(显性)影响,又表现在内在化(隐性)影响。外在化影响,是指学生的思想和行为在外力的推动影响下,在一定时期和一定程度上显现对进步的追求。内在化影响则主要表现为思想政治理论课所传授的基本理论,对学生世界观、人生观、价值观产生的潜移默化的影响,内化为学生善于运用马克思主义的立场、观点和方法分析与解决问题,变为一种内在的自觉的行为,尤其是在重大政治原则问题上具有更强的识别能力。

(3)从影响的时间和时效看,思想政治理论课教育教学的实效性是近景性效果与持久性效果的统一。思想政治理论课教育的主要目标是形成学生良好的思想政治素质,而它一旦形成,就会在学生的行为上以不同的方式反映出来,使学生在课内外有良好的表现。

但是,学生树立正确的世界观、人生观和价值观是一个长期艰苦的过程,仅仅凭思想政治理论课很难完成,绝不能有成绩就说成思想政治理论课的成果,有问题就说成思想政治理论课教师教得不好。思想政治理论课只是这幢大厦中的一项基础工程,而不是整个工程。无论是思想政治理论课教学还是学生日常管理,都只是其中一个方面,必须摒弃片面、孤立的形而上学思维方式,本位主义地强调、夸大某一方面。

3. 思想政治理论课教学效果的评价考核标准

具体而言,对思想政治理论课教学效果的评价考核应该按以下四个标准进行。

(1)情感标准(表层的、显现的、直观的、及时的),以学生对思想政治理论课的情感态度为衡量尺度,通常体现为"三率",即学生的出勤率、注意率、认同率。

(2)认知标准(理解的、认同的、内化的、习得的),以学生对思想政治理论课教学内容的理解、认同、接受以及运用作为评价手段,学生的作业、考试成绩是基本尺度。

(3)践行标准(外化的、显现的、行为的),以学生对思想政治理论课教学内容内化后形成的思想政治素质在言行中的各种表现为评价尺度,学生能否坚持理论联系实际,运用科学的理论分析和解决问题是关键因素。

(4)根本标准(根本的、关键的),以学生是否为树立正确的"三观"打下坚实的基础为标准,这是思想政治理论课教学以及整个思想政治教育的根本目标,具体就是以学生经过思想政治理论课教育后在大是大非问题上的表现为评价尺度。

总之,大学生思想政治教育是一项复杂的系统工程,必须运用系统论的观点看待它,要合理配置资源,既有所分工,有所重点,使之专门化、专业化,又强调统一协调,相互配合。同时,大学文化建设应注重品牌效应,提高品位,切实解放思想,更新观念,强化全员育人意识,营造良性互动的思想政治教育环境,创立新形势下大学生思想政治教育的新思路。

第五节　辅导员队伍建设的着力点

近年来,高校的辅导员队伍建设得到越来越多的重视。辅导员年度人物评选,辅导员职业能力大赛,辅导员精品项目建设,辅导员博客、博文评选,《普通高等学校辅导员培训规划(2013—2017年)》的印发等都是国家为促进高校辅导员队伍专业化、职业化发展搭建的良好平台。尤其是2014年3月25日,教育部颁布实施《高等学校辅导员职业能力标准(暂行)》(以下简称《标准》)。2014年9月9日习近平总书记与北京师范大学师生座谈号召全国广大教师做"四有"好教师,对高校辅导员工作提出了新的规范和要求。在新形势下,高校辅导员要实现深度内涵发展和广度外延发展,亟待辅导员职业能力的提升。高校辅导员提升职业能力要在准确定位、提升素质、方法科学三个着力点上不断深化完善,才能保证思想政治教育队伍的生机和活力,开创思想政治教育队伍的新局面。

一、准确把握高校辅导员的角色定位

所谓角色定位,是指与人的某种社会地位、身价相一致的一整套权利、义务和行为模式。对于任何一种职业来说,所需要的知识和能力取决于该职业的角色定位。高校辅导员职业定位准确,对辅导员搞好千头万绪、忙碌繁杂的日常工作具有引导作用,对辅导员完善知识结构具有促进作用,对辅导员走上职业化、专业化发展道路具有鲜明的指导意义,是辅导员找到组织归属感、事业成就感的关键性因素。

准确把握辅导员的定位,要辩证地处理好人生导师与知心朋友之间的关系。《普通高等学校辅导员队伍建设规定》和《标准》明确指出,辅导员应当努力成为学生的人生导师和健康成长的知心朋友。人生导师和知心朋友之间既有区别又相互联系。作为教师,辅导员应具备广博的知识,承担教书育人,培养社会主义事业建设者和接班人,提高民族素质的使命。作为知心朋友,辅导员应维持双方认可认知模式下的不分年龄、性别、地域、种族、社会角色的相互尊重、相互分享、相互联系,并可以在对方需要的时候自觉给予力所能及的帮助。人生导师和知心朋友的角色是相互联系的:一是两者都是实现思想政治教育目的的桥梁,都是为实现思想政治教育活动的目的而服务的;二是两者之间相互促进,人生导师功能的有效发挥,需要知心朋友的爱心做保证。知心朋友作用的发挥,需要借助人生导师的身份加强教育效果。但两者的侧重点又有所不同:人生导师侧重教师的导向功能、传承功能、约束功能,具有稳定性、权威性和约束性。知心朋友则侧重教育双方的平等性、包容性和对话性。辅导员要清醒地认识到教师与朋友之间的共性与区别,把握好亦师亦友的关系,切实把立德树人的重要任务落到实处。准确把握辅导员的定位,要将辅导员工作的出发点和落脚点归结到"教育人""引导人""关心人""帮助人"上。思想政治教育工作就是在做人的工作,辅导员开展思想政治教育工作的出发点和落脚点都应该归结到这四个"人"上:一方面,辅导员要将符合中国特色社会主义事业发展所要求的思想观念、政治观点和道德规范传递给学生,教育引导学生在比较、选择、消化、吸收后将其内化为认知,外显于行为。另一方面,教育过程中辅导员还要主动关注学生需要,满足学生需要,获得学生对思想政治教育的心理认同和理性认同,这是实现思想政治教育目的的重要前提。辅导员不应代替学生做出选择,而是在学生现有知识水平和经验阅历支撑下难以达到的高度和有限的广度上教育引导学生。辅导员不应盲从迎合,而要用坚定的政治信仰和思想觉悟去言传身教。辅导员更不是高高在上的管理者,所有工作的出发点是关心关爱学生。辅导员亦不是一意孤行发号施令的指挥官,开展工作必须坚持解决思想问题与解决实际问题相结合,在现实关照性的原则下帮助大学生处理好具体问题和实际困难。

准确把握辅导员的定位,需要全面科学地认知自己。人是事业发展中最积极、最活跃、最重要的因素,辅导员自身定位的科学认知是增强辅导员职业认同感的基础。为避免辅导员职业生涯规划的盲目性,辅导员首先要利用各种科学测评工具进行自我认知分析,全面客观地了解自身职业倾向、性格类型、动力特点、爱好特长、优势劣势等内容。辅导员要结合自身特点储备辅导员职业相应的宽口径知识,在学习、思考与教育实践的过程中不断明确自己的成长方向。在科学分析、确立方向的基础上,辅导员要结合工作实际情况,有侧重地选择职业化发展方向,向心理健康教育与咨询、网络思想政治教育、职业规划与就业等方面专家型辅导员目标迈进。目标实现过程中还需要注意目标金字塔建立的科学性、现状与目标的差距性分析和职业目标前进动力的激发等内容,做到辅导员深度内涵发展和广度外延发展进程中的知情意行统一。

高校辅导员是高校学生管理工作、教育工作与指导业务学习工作的直接实施者,主要工作对象就是学生。在实际工作中,辅导员与学生相处时间最长,联系最密切,接触最频繁,肩负着提高大学生专业文化素质、思想政治素质与身心教育的重任,参与大学生入校几个学年中成长的点点滴滴,对引导、培育学生的成长至关重要。高校辅导员应适应学生新的思想特点,不断总结工作经验,借鉴管理学、思想政治教育理论知识,创新工作思路,加强与改进高校学生思想政治教育。

辅导员是促进班级发展的首要决定因素。辅导员的影响力对学生学习、生活、思想政治教育的激励作用是巨大的,辅导员的职责权力对学生有一定的影响,但十分有限。需要辅导员运用非权力影响,树立在学生心目中的美好形象与威信,这主要与辅导员的品格、知识、能力、感情因素有关,辅导员若想要做到此种程度:其一要加强学习,提高理论水平,提升工作能力;其二要严格要求自身,公平、公正、公开地对待涉及学生自身利益的事情;其三用"情感教育"的方法,以学生为本,将真挚深厚的爱渗透到对广大学生的思想政治教育中去,树立良好辅导员人格形象。

辅导员作为高校管理人员的重要组成部分,在学生的思想政治教育工作中具有举足轻重的作用。鉴于此,辅导员应结合新形势,以学生为本,明确工作思路,树立良好辅导员人格形象,切实提高学生思想政治教育工作的实效性。

二、注重高校辅导员素质的全方位完善

辅导员素质涵盖了思想政治素质、道德品质素质、职业情感素质和业务能力素质。

1．思想政治素质

一个优秀的老师应该是"经师"和"人师"的统一,既要精于"授业""解惑",更要以"传道"为责任和使命。高校辅导员是学生思想政治的引路人,是真理信仰的传播者,更要把过硬的思想政治素质放在首要位置,坚定理想信念,提高思想觉悟,树立共产主义远大理想,做中国特色社会主义共同理想和中华民族伟大复兴中国梦的积极传播者,帮助学生筑梦、追梦、圆梦,让一代又一代年轻人成为实现中华民族伟大复兴的先锋力量。

2．道德品质素质

当前,高校辅导员应执守的"德"可以具体化为《标准》中的"职业守则"。"爱国守法、敬业爱生、育人为本、终身学习、为人师表"这五条职业守则原则性、约束性、完整性地规范了高校辅导员的道德,约束了高校辅导员的行为,应当成为高校辅导员群体人人熟悉、人人遵守的道德标准和行为准则。

3．职业情感素质

好老师应该是仁师,没有爱心的人不可能成为好老师。好老师对学生的教育和引导应该是充满爱心和信任的。好老师应该把自己的温暖和情感倾注到每一个学生身上。好老师还要有尊重学生、理解学生、宽容学生的品质。以"仁爱之心"为核心的职业情感素质是推动辅导员工作积极性的强大力量,是做好育人工作的重要前提。

4．业务能力素质

辅导员职业技能一共有9项,就是《标准》中的9项辅导员职业功能:思想政治教育、党团和班级建设、学业指导、日常事务管理、心理健康教育与咨询、网络思想政治教育、危机事件应对、职业规划与就业指导、理论和实践研究。辅导员要主动学习和掌握大学生思想政治教育方面的理论与方法,不断提高上述功能的技能和水平,有针对性和实效性地做好学生日常思想政治教育及服务育人工作。辅导员还要在科学知识积累和学科研究支撑的同时,选定研究领域,开展深入研究,掌握专业技能,成为领域内不可替代的专家型人才,实现职业化和专家化的可持续性发展。

三、提高高校辅导员工作的水平

辅导员要在明确目标指向性和价值取向性前提下,以学习促进思考,以思考指导实践,以实践检验学习水平。在这种良性循环中,不断提高工作的科学化水平,不断增强思想政治教育工作的针对性、实效性和吸引力、感染力。

1．勤于学习,做具有广博知识、完善知识体系和学术科研能力的辅导员

(1)通过学习提高科学文化水平。辅导员应加强学习、主动学习、终身学习,掌握大学生思想政治教育方面的理论与方法,具备思想政治教育工作相关学科的宽口径知识储备,提高文化素质,开展理论研究,进行实践探索,拓展知识视野,不断提高对学生成长发展的科学引导力。

(2)立足前沿及时完善知识体系。国家经济快速发展和深刻变革的过程中,辅导员要站在思想文化的前沿,带着问题意识定期开展调查和研究,分析工作对象和工作条件的变化,了解学生关注的热点和焦点,及时调整工作思路和方法。针对新形势、新变化和新问题,辅导员要及时补充知识,更新知识,调整知识结构,完善知识体系,运用新的载体在复杂多变的国内外形势和意识形态斗争中用先进的思想和理念武装学生的头脑,化解矛盾冲突,解答各类困惑,成为学生公认的人生导师和可信赖的知心朋友。

（3）努力提升学术科研能力。辅导员应基于客观的自我认知,从辅导员职业功能中选择具体方向开展持续、深入的研究,并将研究和工作结合起来,形成具有理论研究价值和实践应用成果的科研成果,进而将自己打造成为该领域的专家。"世上无难事,只怕有心人。"开展专项调查、撰写调查报告、开展理论研究、研究工作案例、申请科研课题、组建学术团队、交流协同创新等都是辅导员在学习的过程中提高科研能力的有效途径。

2. 善于思考,做遵循教育规律、具备先进理念和继承与创新相结合的辅导员

在思想政治教育情境中,若想让学生"亲其师,信其道",辅导员首先要充分关注和关心学生必要的需求满足,使学生从情感上能动地选择和接受教育内容,并积极和主动地将接受的信息加工转化为理性认同,最后外化为积极的行为。人的需要具有多样性的特点,辅导员要能透过现象看本质,发现行为表象背后的真实动机,确定准确的问题关键点,才能有的放矢地开展工作。人的需要具有层次性的特点,辅导员要在满足学生低层次物质需求的前提下,引导学生追求自我价值与社会价值相统一的高层次精神追求。

同时,要运用网络载体创造性地开展网络思想政治教育。2010年以来,以微博、微信、微电影等新媒体为代表的微时代已经到来。大学生是中国网民中最大的群体。大学生网民是热情而懵懂的,他们活跃于各类新媒体平台,成为接受和传播网络舆论的生力军。与此同时,他们中不少人缺乏对网络信息的认识能力、鉴别能力、批判能力和转化能力,极易在隐性的西方意识形态渗透过程中成为虚假信息、"西化"思潮的接受者和传播者。网络是一把"双刃剑",放弃了网络,就等于放弃了思想政治教育的主动权。高校辅导员要具备一定的媒介素养,才能对大学生的网络行为做出正确引导。这也是《标准》中高校辅导员"网络思想政治教育"职业功能的具体要求。辅导员要从提升媒介认知、掌握应用技能,增强媒介意识、调整工作思路,增强主体意识、协同创新品牌,形成批判意识、能够去伪存真,关注需求动态、加强舆论引导,履行媒介道德、共营绿色网络六个维度加强媒介素养,以适应微时代互联网新技术发展和社会体制转型需求,使思想政治教育效果和目标在现代网络媒体技术环境下更好地实现。

3. 勇于实践,做探索新办法、找寻新途径、显性与隐性教育相结合的辅导员

辅导员要注重把所学所思与实践紧密结合,在实践中实施运用、检验效果,在实践中发现不足、补充知识,在实践中总结经验、提升水平。辅导员开展思想政治教育实践,要以发展的眼光审视学生工作的变化,构建显性和隐性思想政治教育相结合的教育实践模式。隐性教育与显性教育是两种相互补充的重要方式和途径,同样处于不可或缺的地位。辅导员开展工作要在五个活动形态上扬长避短,充分发挥显性教育和隐性教育的各自优势。

（1）语言载体,通过书籍的书面语言和教育者的口头语言传递教育信息,语言的丰富性体现在形式多样的书刊、口号、演讲、报告、授课、谈话、微课等载体。

（2）活动载体，组织丰富多彩的校园文化活动和校内外社会实践活动，将德育、智育、体育、美育、劳育有机结合并融于活动。

（3）文化载体，大力建设校园文化，形成优良校风、学风和教风，构建大学精神和良好育人环境。

（4）无形载体，即提高教育者的人格修养，通过言传身教对学生的心理和行为产生潜移默化的影响。

（5）网络载体，主动占领网络阵地，引导网络舆论，提高学生媒介信息的辨别、批判和转化能力。

4. 以学生为本，提高学生思想政治教育工作的实效性

（1）注重学生个人自身主体化的发展。高校思想政治教育的主要对象是在校大学生，因此，思想政治教育必须以学生为本，注重学生个人自身主体化的发展。高校辅导员要把学生的思想与实际问题相结合，以复合型人才培养为目的，提高学生的创新精神与实践能力。以学生为本的管理理念，强调必须以"人性化"为前提，遵循学生的心理及行为规律，而非强制性灌输，在大学生内心形成一种潜在说服力，对学生施行自觉自愿的管理。辅导员加强思想政治教育，还应坚持"情感教育"的方法。辅导员应深入学生中去，怀着对学生真挚深厚的爱去开展工作，走进学生的心灵深处，充分发挥以情动人、以情陶冶人的作用，以高度的责任心与细心、耐心做到"以学生为本"。

随着时代的发展，当代大学生思想上发生了一些新的变化，呈现出一些新的特点。高校辅导员作为开展高校思想政治教育工作的重要力量，应清楚了解学生当前的思想行为状况及出现的问题，适应学生思想政治教育工作新变化、新情况的发展，为高校思想政治教育实践做出应有贡献。

（2）高校辅导员面临的学生思想政治教育的新问题。

1）网络时代着实推动了社会的发展进步，让不同地域之间的人们联系更加紧密，充分展现了信息时代的魅力。但其也带来了诸多消极、负面的影响，很多学生沉迷网络，与现实中人的关系变得疏离、冷漠，且由于大学生社会经验、阅历不足以应对网络信息的正、负面影响，大学生思想政治教育工作面临新的困难与挑战。

2）社会生活方式多样化使大学生逐渐形成了多元化的观念和多层次、多类型的群体。面对物质利益与精神文明的冲突，大学生很难形成正确的人生观、价值观与世界观，使思想政治教育的开展困难重重。

3）受复杂的社会矛盾制约，各种负面社会问题日益突出，尤其是一些社会不公平现象突出，一些思想较为敏感、活跃的大学生甚至对社会制度产生怀疑，思想波动起伏较大。另外，还有社会阶层分化等问题直接影响了大学生的生活态度，进而影响其人生选择与价值观导向，对大学生思想政治教育极为不利。

因此，高校辅导员要顺应新形势，了解学生真实的思想动态，提高自身的理论水平、组织协调、心理教育、危机处理与创新思维等能力，加强自身知识储备，尤其是提高自身的思想政治理论素养与水平，积淀深厚的文化底蕴及广博的学术视野。同时，高校也应加强高校辅导员队伍建设，改变现有辅导员学历层次、知识能力、人员构成参差不齐的现状，严把辅导员选拔制度,以辅导员这一工作岗位为抓手,推动高校思想政治教育工作。

(3)明确工作思路与方法,从而有效开展思想政治教育。辅导员是高校大学生思想政治教育工作的组织者、教育者,在学生的成长道路中对学生的心智与人格塑造起着重要作用。作为高校辅导员,必须坚持育人为本、德育为先的原则,明确工作思路与方法,从而有效地开展思想政治教育。

1)应引导学生给自己正确定位。辅导员要经常深入到学生中去,与学生主动谈心,了解学生学习、生活及社会适应能力方面的困难与挫折,引导学生树立正确的人生观、价值观与世界观,帮助学生处理各方面利益关系,培养学生的社会责任感与自立、自强的精神品质。

2)以理论知识为支撑,促进学生思想政治教育工作的有效开展。用社会主义核心价值观来教育、引导学生主观世界、客观世界的改造,加强学生的思想道德建设与理想信念教育,使学生自觉树立正确的"三观",增强全面建成小康社会,实现中华民族伟大复兴的中国梦的信念。

3)辅导员还应利用好班委、团支部的影响来加强思想政治教育。班委、团支部成员由大学生组成,他们更了解学生的真实状况与想法,且这些成员大都是学习、思想及生活方面表现优秀的学生,在学生中间能起到很好的示范作用,辅导员应帮助学生干部提高思想政治素质,借以激励、感染每一位学生。

4)辅导员还应加强对入党积极分子的培养与教育,借以推进学生思想政治教育工作。

第六节　思政课教学改革应关注的重点

自中共中央宣传部和教育部印发《〈中共中央宣传部　教育部关于进一步加强和改进高等学校思想政治理论课的意见〉实施方案》以来,思政课地位无论在实际教学还是在教改研究中都得到了较为明显的提升。当前高校学生思想政治教育处于一种新的形势,正如2013年8月习近平总书记在全国宣传思想工作会议上发表的重要讲话中所指出的,我们正在进行具有许多新的历史特点的伟大斗争,面临的挑战和困难前所未有。在新形势下,高校学生思想政治教育出现一些新问题,及时地解决这些问题对于加强和改进学生思想政治教育工作具有重要意义。思政课教学实效性亟待提高,教学改革势在必行。

一、现阶段思政课教学改革中存在的主要问题

现阶段,高校思政课教学改革的巨大成就不容否认,与此同时,教学改革所衍生出的一些新情况、新问题也必须引起重视,主要表现在如下几个方面。

1. 说教型教学仍受推崇,能力拓展型教学相对欠缺

总体来说,目前照本宣科的说教型教学依然备受一部分教师推崇,把思政课等同于"教化课"的简单思维无论在老师还是在学生的观念中依然有其市场。原因在于这些教师对高校思政课的课程定位的理解依然有偏颇,在他们看来,如果不能详细、完整地将马克思主义的理论体系"塞进"大学生的头脑中,后者就不可能建立起对马克思主义理论思想的信仰和信念。其实,教学效果的评判权在学生而不在教师。马克思主义从它诞生的那一刻起就没

有离开过社会生活实践,充满揭示社会生活本质的真理性和改造时代的批判精神。马克思主义理论最强大的力量源泉就是人民群众的社会生活实践。脱离了实践,教学必然达不到理想的效果和学生能力的培养。

2. 重项目申报和成果发表,轻教学实践经验的示范、推广与应用

目前,众多高校重视思政课项目申报和论文发表已是不争的事实,但思政课的教学效果却更多的体现在教学。为改变这种情况,可以从以下两个方面进行调整。

(1)教学改革项目能为从事一线教学的青年思政课教师提供更多公平申报的机会。应不以申报教师的职称和职务等条件进行硬性要求,打破申报者的职称职务限制,真正做到不拘一格,唯才是用。从而可以鼓励更多的青年思政课教师投身教学改革,打消他们对“投身教学会影响职称晋升”的现实担忧。

(2)重视教学改革成果的推广应用及其社会效益考核。重视学术成果发表数量和发表级别等指标作为结项依据固然有其合理性,但教学改革更应重视其效果和推广应用价值。为此,可以以专项课题的方式支持一批思政课的辅助性教学素材整理出版项目,将有利于根本性提升思政课的教育教学实效,有利于大规模示范、推广和应用。

3. 普遍局限于单门课程,缺乏多课程和跨学科交叉融合与创新

现阶段高校思政课的各层级教学改革项目已为数不少,研究成果也可说是汗牛充栋,教学方法改革与探索的研究多且杂,课程辅助性教学素材整理与开发明显不足。教学模式改革普遍局限于单门课程的内部探索,缺乏跨课程、跨学科的宏大视野,造成四门思政课之间教学内容交叉重复,留给大学生们的印象是四门课程高度同质化,课程间相互“补习”。为此,思政课教师之间需要开展跨课程的集体协同备课,甚至是邀请其他专业背景教师参与思政课集体备课活动,部分化解教学内容重复的现象。大力开发利用丰富的辅助性教学素材是克服内容重复弊病的根本之道,原因在于即便是课本教学内容基本相似,但由于融入更新、更丰富的教学素材,学生们依然从中可以获得新信息、新知识、新观点和新视野。

4. 局限于课堂空间,缺乏其他空间资源的开发利用,造成教法单一和视域受限

毋庸置疑,课堂教学空间是开展思政课教学的主阵地,但过度局限于课堂空间教学,必然造成教学视域的窄化、受限,教学效果往往得不到保证,尤其是身处信息化、网络化和移动电子化的新时代,即便学生身处教室空间,眼力、心力却钟情于手机界面上。网络空间的丰富信息资源对课堂空间教学已经构成了不可逆的正面挑战和强力冲击。在此背景下,再利用传统方法和手段,注定无济于事,出路在于改革,在于突破对单一课堂教学空间的局限,调动更广泛空间的丰富信息资源,形成合力,共同提升网络时代背景下的思政课教学效果。

5. 重视基于技术应用的教学方式改革,忽视基础性的课程教学辅助素材开发与利用

现代多媒体技术在教育教学中的应用无疑是必不可少的,因为多媒体技术有其传统板书式教学所不具有的新特点。比如教学画面呈现的立体生动性;教学信息呈现的巨量丰富性;网络教学平台的便捷交互性,等等。这些特点都体现了现代教育技术对教育教学方式、效果的巨大提升作用,其最新的发展阶段是——课程教学"慕课"化,建设在线开放式课程等。然而,思政课教学改革如果一味强调教学方式的变化也不能达到很好的教育效果,因为教育教学规律是变与不变的辩证统一过程。伴随教育技术的革命性改变,新的教育理念、教育手段和教学方法等会随之被创新、创设出来,然而,教育教学规律本身内含着前后相继的共通性和一致性,教育的本质不变,大学生思想政治教育的本质不变。

一些传统的做法在大学生思想政治教育过程中仍然有很好的效果,如阅读式、案例式和体验式等教学。然而这些好的做法却主要仰赖于丰富、翔实的辅助性教学素材的开发与利用。尤其就思政课而言,地域文化素材或校本素材就是比较好的素材,开发这些素材和很好地利用这些素材将有意想不到的教学效果,因此,大量教学素材的开发和利用必须要在思政课教学改革中重视起来。

二、高校思政课教学改革应注意的几个重点

思政课教学改革的目的就是要使思政课教学方式、教学内容更加能被学生接受,教育效果更加提升,使思政课成为学生喜爱的课程,最终达到对大学生思想政治教育的目的。为了达到教育目的,必须从多方面入手以提升思政课的教学实效性,为此,可以从以下几个方面着手进行教学改革。

1. 加强调研,充分了解学生

知己知彼,百战不殆,大学生思想政治教育也是如此。当前大学生多为"00后",如何对他们进行教育是教育工作者必须思考的问题。"00后"有哪些特点?是否存在不同呢?对于这些问题,教育者必须要了解;只有充分了解学生,才能有的放矢,针对学生的特点制定对策,开展好思想政治教育。调研是解决问题的关键方法。通过调研,充分了解学生,采用学生喜闻乐见的案例和方法,引起学生情感上的共鸣,使枯燥乏味的学习变成一种精神享受。比如思政课老师可以根据学生爱上网的特点,用网络手段进行教学,多在网络上和学生互动交流;针对学生爱表现自己的特点,老师可以在课堂上多给学生表现的机会,让学生做小老师,授课老师再进行指导把控;针对学生爱把日常生活点滴在网络空间晒的特点,老师要经常给学生点赞,加强感情交流。总之不管如何,只有教师了解了学生,学生才能和教师走近,师生之间才能更好地互动,学生兴趣也才能被激发,教学效果才会更好。

2. 教师要适当转换角色

现实中,思政课教师授课时"满堂灌"现象仍然普遍,教师一味在讲台上讲,很少考虑学生的接受程度,这样的效果肯定不会好。思政课教师必须改变这种状况,重新塑造自己的角色。课堂中,教师只是课堂的指导者和组织者,真正的主体是学生,教师只需组织和指导教学即可,不必过度参与,要把更多的时间留给学生。教学中,要充分发挥学生的主动性,为学生的自主学习创造条件,教师可以设计问题,提出问题,让学生去讨论、思考并查找资料,最后由教师加以指导和引导。学生在参与的过程中必然提升了兴趣,加深了对问题的理解,学生的积极性和学习效果必然会有较大的提升。只有这样,才能真正做到以学生为中心。

3. 创新课堂教学方法

好的教学方法必然能使课堂更加有趣而不乏味,思政课教学改革中必须要重视教学方法的创新。如使用问题教学法,思政课教师可以在教学过程中提出问题,设置悬念,吸引学生的注意力,唤起学生的兴趣,激发探究知识的欲望,否则会使学生觉得课堂过于平淡,毫无兴趣;使用情感教学法,思政课教学过程中也可以以情感人,教师从学生的心灵深处、感情高处着手,用自己真实的、强烈的感情,设法使学生获得强烈的情感体验,从而达到心与心的交流;教学中还可以让学生上台演讲或以情景剧表演等方式,让学生充分融入课堂教学中,思政课的有效性必然就提升了。教学方法是多样性的,没有好坏之别,但不管怎样,只要对学生有效的方法就是好方法。

4. 授课过程中教师不应避开社会热点问题

随着网络和现代通信工具的快速发展,网络已成为学生日常生活不可缺少的必需品。大学生是国家建设的主力军,他们对国家大事和社会热点异常关注,如中美贸易摩擦等问题都是大学生关注的重点、热点内容。因此,思政课教师在授课过程中不应回避热点,否则必然不能引起学生的听课兴趣。此时思政课教师更应在课堂上对一些社会热点问题加以分析并引导学生以正确的思维方式去理解,教师在分析的过程中一定要逻辑清楚,真正让学生明白热点发生的起因、过程以及可能走向,这样的授课学生才有兴趣。

5. 加大辅助性教材的编写以作为规定教材的补充

思政课课本是思政课教学的总纲,对思政课教学工作起指导性作用。但课本是全国统一使用的内容,对于每一个特定学校的学生不一定有针对性,因此,思政课教师在授课过程中应该加入更多的学生熟悉的案例或素材作为补充。只有这样,学生才会有学习兴趣。因此一些辅助性教材或案例集编写应是思政课教学改革的一个重点,校园文化和地域文化融入思政课教学内容是一个比较好的方法。同时,思政课课本是书面语形式,教学过程中思政课教师必须把书面语转换成教学语言,用学生喜爱的方式进行授课。因此,思政课教师必须围绕课本主导方向设计教学内容和讲解思路,进行教学改革。只有这样的思政课,学生才会喜爱。

6. 加大思政课考评方式的改革

思政课和其他的课程一样,也有考评,但思政课有其特殊性,思政课的教学目的不仅仅是传授知识,还要帮助学生树立正确的"三观"。因此在考评过程中不能仅仅用考试的单一形式进行,考试无法评判学生的思想进步与否,考试只是知识掌握程度的考评。在大学生思政课考评过程中,我们更应多关注学生的日常表现情况,除了课堂上学生的发言情况、听课情况和出勤情况外,还应更多地关注大学生的思想行为表现,如参加社会服务情况、做志愿者情况、献爱心情况等。思政课是进行思想政治教育的课程,其考评方式不应是单一的,合理、全面地评价一个人应该是多方面的。有好的教学效果一直是思政教育工作者不断追求的目标,也是思政课教学改革的目的所在,思政课教学改革内容和关注点应是多方面的。但不管怎样,思政课教学改革都应紧密围绕学生、教师和授课内容三部分进行。

第七节　大学生思想政治教育工作应注重渗透性

一、隐性教育的特征和积极作用

隐性教育是相对显性教育而言的,二者是高校思想政治教育工作中两种不同的教育方式。

显性教育是指在思想政治教育中,教育者、教育内容、教育目标和对象均是"暴露的学生立即接受教育者思想和经验的一种教育模式。目前高校中,教育者往往采用显性教育来教育学生,追求的是立竿见影的效果,它是高校大学生思想政治教育的主要形式。由于大学生特有的心理规律,即思维活跃,感触敏锐,自尊心强,独立性强,处在怀疑、否定、价值观趋向多元化的阶段,教育者采用正面"灌输"一般情况下是有效的,但方式不当,学生往往产生逆反心理,从而拒绝接受教育者的观点,正面教育的效果就要打折,甚至起反作用。

隐性教育则是指在思想政治教育中,教育者、教育内容、教育目标是不直接显露的,其教育形式是侧面的、间接的,常采用"迂回""渗透"的教育方式来影响学生,讲究以情感人、以情动人、以情育人,做到入耳、入眼、入脑,在潜移默化中渗透到学生的心灵深处。隐性教育追求长期教育效果,使学生在不知不觉中自愿接受教育者的思想和经验。

与显性教育相比,隐性的思想政治教育有着鲜明的特征:教育内容具有渗透性,教育手段具有间接性,教育维度具有超时空性,教育效果具有长效性等。正因为隐性教育的这些基本特征,在它们综合作用下产生一定实际教育效果。

面对国内外新的形势、新的环境和新的特点,只有采取灵活的教育途径与教育方式,才能收到良好的教育效果。隐性教育正是坚持形式与内容相统一的原理,侧重从形式上开辟新的教育途径,将深刻的教育内容蕴含在一些具体形式之中,使人们在"不经意"间获得某种教益,受到正确的思想政治理论熏陶。隐性教育对大学生思想政治教育工作的顺利开展,必将产生重要的推动作用。

二、发挥隐性教育在大学生思想政治教育中的积极作用

1. 加强和改进思想政治理论课教学,充分发挥其教育作用

加强对当代大学生思想道德教育,应该充分发挥好思想政治理论课的主渠道作用,认真组织实施思想政治理论课课程设置新方案,不断进行教学内容和方法的改革。在教学内容和教育方法上应注意以下几个问题。

(1)思想政治理论课在内容上要理论联系实际,既要注意理论深度,又要贴近现实生活,切实增强教学内容的针对性。爱国主义、集体主义、社会主义是时代的主旋律,也是对学生进行思想道德教育的重要内容。随着形势的发展,爱国主义、集体主义、社会主义教育的内容、方式都有一些新的特点,我们应针对这些新变化、新特点,注重教育实效。要倡导为人民服务和集体主义精神,把热爱祖国与热爱社会主义结合起来,把维护民族利益与拥护社会主义结合起来,引导学生正确认识和分析形势。利用所在地的革命史迹、场馆、人物进行革命

传统和爱国主义教育,利用一切有利条件开展一系列丰富多彩的主旋律教育活动。同时,让学生主动参加社会实践活动,重视社会实践的德育功能。

(2)在教学方法上,力求避免"满堂灌",发挥学生的主体作用,调动他们积极参与教学过程,启发学生善于提出问题,引导学生独立思考。对学生关心的社会热点问题、焦点问题,通过讨论、辩论等方式,交流思想,使学生在讨论和辩论中明辨事理,受到教育。要与大学生思想实际相结合,增强思想政治教育的针对性。

(3)采用多样化的教学形式,特别是应加强现代化教学手段在政治理论课教学中的应用,通过多种形式的教学,寓教于乐,提高学生的学习兴趣。

(4)思想政治理论课的考试应根据学生思想道德的实际表现,采取试卷考评与鉴定评语相结合,尽量做到全面、客观、准确地评价学生的思想道德表现,从而通过课堂教学和课外表现有效地加强学生的思想教育。

2. 认真探索、挖掘专业课程的德育功能

每一门专业课除了其系统的专业知识外,都蕴含有深刻的育人价值。人的全面发展不可或缺的两翼是科学和人文。教育者对学生进行科学知识传授的过程也是促进学生全面发展的过程。教育者在对学生传授专业知识的同时不能忽视人文科学的教育价值,也不能忽视专业课程所蕴含的人文价值。每一门专业课都涉及该学科的历史、现状与发展,以及该学科的研究方法等内容,所有这些都包含丰富的教育价值。作为教育者,应当仔细挖掘所传授课程的人文价值,切不可把知识的传授与道德的培养割裂开来。要保持专业课与思政课的同向同行,达到立德树人目的。

3. 适当增大人文社会科学课程的比例,强化人文社会科学的教育价值

人文社会科学课程与专业课程之间是紧密相连、不可分割的。人文社会科学所倡导的道德科学精神以及体现的科学立场、观点和方法等对其他课程的学习有很大的促进作用。思想政治教育应贯穿于各门人文社会科学课程的传授与学习,以拓宽大学生学习的知识领域,增强学生的学习热情,使学生在潜移默化中受到教育。

4. 建设优雅校园环境,增强校园文化氛围的感染熏陶

美育是通过审美形态感染受教育者,使受教育者在感官上得到愉悦,在感情上受到感染,在心理上得到陶冶,并自愿自觉去遵守,有启发人们培养高尚情操,树立崇高理想的作用。因此,优雅的校园环境具有独特的作用。它在陶冶人的情感、培养人的思想情操、树立崇高理想等方面,是传统的"灌输说教"无法承担的。校园环境包括人文环境、自然环境等。

(1)优化校园人文环境,营造浓厚的文化氛围。文化氛围对学生的道德价值观有潜在性和深刻性的影响,其对学生隐性熏陶的效果则更持久,因此文化氛围的营造势在必行。要丰富校园图书资料,满足学生求知的需要,开展丰富多彩的文化活动,满足学生健康向上的精神需要。要引导、培育出校园内健康向上的文化氛围,使学生在浓厚的氛围中得到熏陶,提高大学生的文化修养品位,增强识别假恶丑的能力,自觉追求真善美。大学生听名人专家讲座,在学到知识、拓宽视野的同时,会潜移默化地接受名人人格魅力的影响,培养起高尚的道德情操和审美情趣。大学生参加科技活动,在学到创新教育理论知识的同时也在实践中提高创新精神和创新能力。大学生参加运动会、拔河比赛等,可以培养团结协作的精神。因此,优化校园人文环境,应弘扬尊师重教的良好风气,应提倡积极进取、勇攀高峰的奋斗精神,应倡导明礼诚信、勤奋朴实的道德风尚,应促成团结协作、互相帮助的人际氛围,应培养文明礼貌、健康向上的人文精神。

(2)优化校园自然环境。校园环境应典雅优美,舒适宜人,建筑布局合理。学校要向生态校园发展,尽可能让学生主动地参与校园的美化、净化工作,让他们感到自己是环境的主人,在整洁幽雅的校园环境中养成文明有序的生活习惯。

5.发挥互联网隐性育人作用

高校是现代信息技术传播的主要场所。应建立德育工作调研网络和信息网络,使互联网成为开展德育工作的有效载体。应运用网络这一虚拟化的教育载体加大德育工作的信息量,开辟新型教育空间。各高校都重视计算机信息技术,普遍建立了校园网。互联网所特有的性质,使它具有传统媒体所无法比拟的魅力;大学生思想活跃,对新鲜事物特别敏感,因而互联网最先在大学生中得到普及。因此,学校应加快校园网络的建设,增加思想政治工作软件开发,在网上建立思想政治教育工作的新阵地。应建立校园德育网站,系统地、有计划地渗透党的思想路线和道德规范,使学生在网络浏览中入眼、入耳、入心,达到"随风潜入夜,润物细无声"的隐性教育效果。应在网上提供学生提意见的便捷渠道,如校长信箱、学工信箱,并及时反馈,建立思想政治教育工作的"绿色通道"。应运用校园德育网站多媒体特有的功能,使德育课程图文并茂,从而增强德育的感染力和说服力,让学生在形象、生动、直观的教学中思想得到升华。同时也应制定必要的网络规范,加强对网络信息的监控和分析,及时了解网上信息,提高高校德育工作的针对性和质量。

6.强化学生个别辅导,发挥大学生心理咨询的突出优势

大学生群体是最易产生心理问题的群体,加大大学生心理教育咨询势在必行。加强心理健康教育,一靠发挥课堂教学主渠道作用,二靠灵活多样的心理咨询和教育活动。建立心理咨询网站,创建心理咨询服务中心,特别是由心理专家组成的心理服务中心,在解决学生心理问题上有独特的作用。高校建立的心理服务中心的服务范围应进一步拓宽服务领域,使服务不仅定位在解决学生的心理问题上,也帮助学生解决生活、学习中遇到的各种问题。由于高校心理服务刚刚起步,不够完善,同时由于学生对心理咨询服务还缺乏足够的认识,因此各高校建立的心理咨询服务中心不能被动地接受学生的访问,还应主动出击。

第八节　大学生思想政治教育工作应建立和谐机制

一、建立大学生思想政治教育和谐机制,是构建和谐社会的必然要求

大学生作为国家有较高文化层次的宝贵人才资源,是民族的希望、祖国的未来,其思想政治教育是社会主义精神文明建设和构建社会主义和谐社会的重要组成部分。因此,建立大学生思想政治教育和谐机制,是促进大学生全面和谐发展、构建社会主义和谐社会的必然要求。

和谐社会是指社会系统中的各组成部分内部以及各组成部分之间处于一种相互依存、相互协调、相互促进的理想状态。按照和谐社会的要求,大学生思想政治教育首先应建立大学生思想政治教育和谐机制。

1. 建立和谐的工作机制

和谐的工作机制,是大学生思想政治教育的前提,是建立思想政治教育长效机制的保证。和谐工作机制的重点是要解决德育首位的问题,要把德育作为一项系统工程来抓,立足德育工作的实际,高起点、全方位地构建起政府、高校、家庭和社会高度统一的、协调的德育网络,建立健全全社会大力支持、各负其责的领导体制和工作机制,在学校、家庭和社会三大主体之间形成合力并互相配合,实现教育目标。

2. 构建和谐的服务机制

过去我们对社会和谐问题认识不够,在做大学生思想政治教育工作时,比较多地强调它的政治功能,对于其服务功能则很少谈到。在构建和谐社会的过程中,我们应当把建立和谐的服务机制作为大学生思想政治教育工作的一项重要内容,纳入大学生思想政治教育总体规划,关注大学生中的贫困学生、心理障碍学生和就业困难学生,切实为他们做好服务。

3. 构建和谐的育人机制

和谐的育人机制包括三个方面:一是建立和谐的教学体系。要加强思想政治理论课的教材建设,加强思想政治理论课的教学,特别是改进教育教学的方式方法,提高教学效果。二是深入开展社会实践。实践育人是大学生思想政治教育的新型育人方式,是构建社会主义和谐社会的内在动力。三是全面推进校园文化建设。校园文化是促进大学生全面和谐发展的重要载体。

二、把握"核心""重点""基础""目标"的完整统一

中共中央、国务院《关于进一步加强和改进大学生思想政治教育的意见》指出:要紧密结合全面建设小康社会的实际,以理想信念教育为核心,以爱国主义教育为重点,以思想道德建设为基础,以大学生全面发展为目标,解放思想、实事求是、与时俱进,坚持以人为本,贴近实际、贴近生活、贴近学生,努力提高思想政治教育的针对性、实效性和吸引力、感染力,培养德智体美劳全面发展的社会主义合格建设者和可靠接班人。贯彻这一指导思想,必须牢牢把握"核心""重点""基础""目标"的完整统一。

1. 以理想信念教育为核心

理想信念是人类特有的精神现象,是人们政治立场和世界观在奋斗目标的集中体现,是人生的精神支柱和动力源泉。每个大学生都有自己的理想和抱负,追求进步和发展是他们的本质特征。我们党历来重视青年的理想信念教育,要求我们坚持马克思主义、毛泽东思想、邓小平理论、"三个代表"重要思想、科学发展观,全面贯彻习近平新时代中国特色社会主义思想,用思想理论武装大学生,使他们树立远大理想和坚定信念。

2．以爱国主义教育为重点

在长期的历史发展过程中，为国为民的忧患意识，坚贞不屈的民族气节，团结统一的情怀以及自强不息的奋斗精神等，已经成为中华民族爱国主义传统的永恒主题。加强大学生思想政治教育就必须引导他们在建设中国特色社会主义事业的伟大实践中，在时代和社会的发展进步中汲取营养，培养爱国情怀、改革精神和创新能力，始终保持艰苦奋斗的作风和昂扬向上的精神状态。

3．以思想道德建设为基础

思想道德建设是社会主义精神文明建设的基础，也是大学生健康成长和全面发展的基础。我们党历来重视大学生的思想道德建设，全面贯彻党的教育方针，推进素质教育，始终把德育放在首位。在现阶段，加强和改进大学生思想道德建设，主要是以为人民服务为核心，以集体主义为原则，以诚实守信为重点，广泛开展社会公德、职业道德和家庭美德教育。

4．以大学生全面发展为目标

以大学生全面发展为目标是由人的全面发展的本质决定的。对于当代大学生来说，他们的一切活动都是与发展紧密相连的，发展是他们关注的主题。大学生的发展不是单一素质的发展，而是包括思想政治素质、科学文化素质和健康素质的全面协调发展。在这些素质中，思想政治素质是最重要的素质，决定着大学生发展的方向，并对其他素质起促进和提升作用。这样，思想政治教育就在全面发展中起着至关重要的作用。以大学生全面发展为目标是由中国特色社会主义事业全面发展的本质决定的。经济和社会发展的最终目的是人的全面发展，因此，不论是进行大学生的思想政治教育，还是进行科学文化知识教育和健康教育，都要以促进大学生的全面发展为目标。

三、必须坚持以人为本，贴近实际、贴近生活、贴近学生

坚持以人为本，就高校思想政治教育工作而言，就是以学生为本。强调学生在教育中的主体地位，这既是现代教育理论与实践创新的重要成果，也是在教育事业中贯彻落实科学发展观的本质要求。因此，在思想政治教育中，必须坚持以学生为本，强调学生的主体地位，做到贴近实际、贴近生活、贴近学生。只有这样，才能不断提高思想政治教育的针对性、实效性、吸引力和感染力。

1．要贴近大学生的学习实际

对于在校大学生而言，学习是最主要也是最重要的活动。大学生思想政治教育要帮助和引导他们制定明确的学习目标，并分解为具体化、层次化的阶段性目标和学习计划。通过有效的人生观、价值观和成才观教育，爱国主义、集体主义和社会主义思想教育，道德观、法制观和理想信念教育，引导大学生把学习与成才结合起来，把自己的前途命运同祖国的前途命运紧密联系起来，从而增强学习的动力与持久力，提高学习的积极性和主动性。

2．要贴近大学生的生活实际

大学生活赋予青年学生以广阔的空间和比较充裕的自由支配时间，这就要求大学生思

想政治教育能够帮助和引导他们锻炼自理、自立的能力,自主、自觉地驾驭生活。通过正确的生活观、消费观教育,把他们的时间和精力引导到学习和能力素质的培养上来,养成良好的生活习惯,形成文明健康的现代生活方式。

3. 要贴近大学生的交往实际

从中学进入大学后,大学生远离父母的客观现实,大学生活、学习和环境的新特点,为将来步入社会做好人际储备的新要求,都需要思想政治教育承担起指导大学生交往的任务。既要指导他们学习相关的人际交往基础知识,更要注重引导他们培养交往的能力,愿意交往、善于交往,建立起平等、互助、诚信、宽容、开放的良好人际关系。

4. 要贴近大学生关心的社会实际和热点问题

当代大学生是随着改革开放一起成长的,他们思维活跃,思想敏锐,胸怀远大理想,勇于自立自强,乐于接受新生事物。他们关心改革开放和社会主义市场经济建设,关心社会主义民主政治建设进程,关心党风廉政建设,关心国际政治。当然,他们也关心自己的就业创业前景和未来出路。这就要求大学生思想政治教育在理论与实践的结合上,在国内与国际的结合上,在宏观与微观的结合上,真正在充分说理和解决实际问题上下功夫、出高招。

四、必须构建齐抓共管的大学生思想政治教育新格局

构建社会主义和谐社会,为建立大学生思想政治教育和谐机制提供了契机,这就要求我们转变过去那种单打一的方式,构建齐抓共管的大学生思想政治教育新格局。

1. 加强高校思想政治教育工作者队伍建设

建立一支素质较高、比较稳定、事业心强、有奉献精神的思想政治教育工作者队伍,是加强和改进大学生思想政治教育的重要条件。要全面深刻地认识思想政治教育在培养人才过程中的作用,努力建设一支高素质的思想政治教育队伍,按照政治强、业务精、纪律严、作风正的要求,认真做好思想政治教育工作者的选拔和配备,特别对中青年骨干要进行重点培养,在评定职称、晋级及福利待遇等方面,给予思想政治教育工作者一定的政策倾斜,充分调动他们的工作积极性。

2. 抓好高校教师的师德建设

教师是人类灵魂的工程师,他们不仅要向学生传授科学文化知识,还要培养学生的道德品质及科学的世界观、人生观和价值观。实践证明,学生的精神面貌同教师的精神面貌有直接关系,尤其是政治理论课教师,他们是学生思想品德修养的直接教育者。抓好高校教师的师德建设:一是要加强马列理论课和思想品德课教师的师德建设,为加强和改进大学生思想政治教育提供有力的队伍保障;二是加强教职工教书育人、管理育人和服务育人工作,用良好的思想政治素质和道德风范影响教育学生;三是通过一些活动,如政治学习、理论培训、党团活动等,来提高教师的理想信念、思想道德素质,充分发挥高校教师在思想政治教育方面的表率作用。

3. 发挥高校党政群团组织的重要作用

一般来说,在校大学生大部分是独生子女,他们的社会生活经验不足,心理承受能力差,实践动手能力不强,组织管理能力较弱。究其原因是大学生的学习及生活圈子太小,脱离社会实践和劳动锻炼。为此,高校党政群团组织应利用一切可以利用的条件,尽量为学生提供自我锻炼和培养的机会。如开展一些丰富多彩、寓教于乐的活动,这样既加强了思想政治教育的针对性,又增强了思想政治教育的实效。

(1)进一步开展"建文明校区、创文明班级、争文明宿舍、做文明大学生"活动,引导大学生养成良好的行为习惯。

(2)充分发挥校园网的德育功能,设立思想政治教育主页,利用现代化传媒技术的优势,加快大学生思想政治教育工作载体的更新。

(3)以塑造大学精神为目的,加强校园文化建设,发挥校园文化的育人功能,使大学生思想政治教育工作进社团、进公寓,从而拓宽大学生思想政治教育的工作领域。

第二章 大学生思想政治教育模式创新

第一节 大学生思想政治教育模式创新的内涵

一、大学生思想政治教育模式创新的目标

大学生思想政治教育模式的创新应当实现四个方面的转变,即由单向灌输型向双向交流型转变,由单一管理型向共情共感型转变,由显性教育型向隐性教育型转变,由教师教育型向合力教育型转变。为真正实现上述转变,在大学生思想政治教育模式建构中必须始终将以下目标作为创新的导向。

(一)教育主体的平等性与目标定位的准确性

1.教育主体的平等性

平等作为人们的一种普遍要求,是建立在人们对自己和他人关系的基本看法基础上的。任何心智健全的成人都不会自觉自愿地认为自己天生地低于别人,不会自觉自愿地认为自己天生地应当屈从于别人。对于大学生思想政治教育而言,平等性主要是指教育者和教育对象关系的平等。换言之,在思想政治教育沟通活动中,教育者和教育对象都是思想政治教育沟通活动的主体,享有同等的地位和相同的权利。教育者不是某种权威的象征,不再处于毋庸置疑的地位,而是以平等的互相尊重的身份与教育对象沟通、交流与交往。双方能够彼此理解与尊重、信任与接纳、相互关心与帮助。因此,大学生思想政治教育的模式创新也必须以实现教育者和受教育者双主体之间的平等性为目标前提。

2.教育目标定位的准确性

如前所述,在当前的思想政治教育模式中,仍然存在着弱化教育的育人性和人本理念,忽视思想政治教育理应具有的本体性价值的异化现象,就思想政治教育的目标定位而言,定位过高过虚,注重共产主义思想的宣传教育而忽略受教育者同样作为教育主体本身的需要,使思想政治教育没有贴近大学生的实际需要和现实生活。具体说来,思想政治教育运行是在与个体密切相关的社会生活领域中展开的,理应介入到社会生活领域与个体的具体生活实际密切相关联。因此,思想政治教育必须深入社会生活领域、贴近受教育者的生活现实、满足实际需要,才能打破思想政治教育的狭隘视界,使思想政治教育更具活力。因此,将教育目标准确地定位于贴近大学生的实际需要、贴近生活现实是大学生思想政治教育模式创

新的基本要求。

(二)教育内容的开放性与教育方式的多样性

1. 教育内容的开放性

大学生作为受教育者,与其他社会成员一样,不可避免地与社会进行着广泛的接触与联系。社会生活的广泛性界定了思想政治教育因素的开放性。教育者对受教育者施加的教育影响,同社会诸因素对受教育者的影响,几乎是同时同地进行的,这就决定了思想政治教育因素和过程的开放性。而在这一过程中,思想政治教育内容的开放性居于核心地位。因此,大学生思想政治教育模式创新必须以实现教育内容的开放性为核心目标。

科学教育作为科学精神培育的重要载体也应是思想政治教育的重要组成部分,而科学精神则应是思想政治教育的内容之一。具体说来,从内容角度看,科学教育是思想政治教育的重要载体。一方面,科学是思想政治教育内容赖以产生的前提和基础,也是思想政治教育内容得以丰富和发展的条件。另一方面,科学教育是思想政治教育的原生形态,是思想政治教育展开的形式和必要环节,也是确保思想政治教育产生实效的重要保证。思想政治教育是科学教育的目的、导向和归宿。从功能上讲,思想政治教育是对科学教育功能的升华和拓展。

2. 教育方式的多样性

在当前的思想政治教育模式当中,重讲授、说教等较为单一的教育方式的现象仍然存在。这种填鸭式、灌输式的教育手段和教育形式,从根本上否认了思想政治教育的人本观念与受教育者主体思想。因此,为了实现大学生思想政治教育模式的创新,教育形式的多样性同样是重要的目标导向之一。具体说来,在思想政治教育过程中,必须承认思想道德的层次性,允许思想道德教育追求多样化,使具有不同思想道德层次(指与法制相容的道德层次)的人都能在社会中找到适合自己生存与发展的空间,找到激发自己不断向高一级层次思想道德目标前进的动力,把思想政治教育工作保持在具有层次性的复杂阶段,从而保持思想政治教育工作蓬勃向上的青春活力。同时,就高校而言,思想政治理论课教育、社会实践能力培养、校园文化氛围营造、学生事务咨询等都是开展思想政治教育的重要手段,允许理论课育人、社会实践育人、文化育人与管理育人等多种形式共存,而且在最大程度上实现教育的合力是大学生思想政治教育模式创新必须达到的重要目标。

(三)教育过程的统一性与评价机制的科学性

1. 教育过程的统一性

人们思想道德和政治素养的形成与发展总是在体现社会实践的基础上,教育主体之间相互作用、彼此协调,从而使受教育者内在的思想、道德和政治等因素矛盾运动转化的过程。而这一过程,既包括教育的外在干预环节,又包括受教育者对外在教育因素的吸收内化环节,是由外在干预到内化的动态过程。在这一过程中,教育者的教育起引导作用,受教育者的自我教育起内化作用。任何教育只有通过受教育者自我教育才能发挥作用。受教育者思想政治素质的形成,既是教育者教育的结果,又是受教育者自我教育的结果。

此外,思想政治教育的过程同时还是一个塑造积极因素和改造消极因素的过程。在思想政治教育过程中,只讲塑造或只讲改造的单纯灌输式教育都是不全面的。这是因为每个人都有自己的价值观,并且能够按照他个人的价值观行事。每个受教育对象的精神世界都是由积极因素和消极因素两个方面构成的。巩固和发挥已有的积极因素,培养新的积极因素,属于塑造性质的教育;矫正已有的消极因素,属于改造性质的教育。因此,塑造与改造是思想政治教育过程中经常进行的两个不可分割的有机过程。同时,在思想政治教育过程中,还应以塑造为主,改造为辅,实现塑造教育与改造教育的结合与统一。显然,必须实现教育干预和自我教育的主动内化相统一,塑造教育和改造教育相统一并将其作为大学生思想政治教育模式创新的又一目标。

2. 评价机制的科学性

大学生思想政治教育的效果如何,直接关系到建设中国特色社会主义伟大事业,实现中华民族伟大复兴的中国梦的成败,关系到我国党和国家的荣辱兴衰。2015年1月,中共中央办公厅、国务院办公厅印发的《关于进一步加强和改进新形势下高校宣传思想工作的意见》指出,要提升研究回答重大问题的能力,实施中国特色新型高校智库建设推进计划,定期开展师生思想政治状况调研,建立健全高校哲学社会科学研究分类评价体系,完善以质量和贡献为导向的评价机制。故而大学生思想政治教育评估机制的科学性与否不仅直接关系到思想政治教育实效性的实现,而且关系到高等学校的办学质量。这要求在考察思想政治教育效果时必须坚持实事求是,采用科学方法和技术手段进行整体考核和综合评定,实行动态与静态、个体与整体、定性与定量、短期与长期相结合的方式。显然,实现评价机制的科学性必然也是大学生思想政治教育模式创新的重要目标。

二、大学生思想政治教育模式创新的原则

大学生思想政治教育的基本原则,是指在大学生思想政治教育过程当中形成的客观规律,是实践总结的精华,是必须遵循的基本准则。它是在长期的思想政治教育实践中形成和发展起来的,具有实践和理论的双重属性。大学生思想政治教育模式的创新要围绕以下五个基本原则来设计和运行。

1. "疏"与"导"相互结合的原则

"疏"就是广泛征求意见,疏通各种利害关系。"导"就是在疏通的基础上,对正确的元素加以肯定,对错误的元素进行否定,并引导相关主体向正确的方向前行。疏通和引导是两个相辅相成的个体,只有深入调查分析个体需求、厘清各种错综复杂的关系,才能够充分了解人们的想法,为"导"提供路径和方向;引导则为疏通提供基本的动力。二者相互结合是进行大学生思想政治教育的前提。

进行大学生思想政治教育必须以大学生的行为特点为直接依据,而决定大学生行为特点的思想特点则是开展大学生思想政治教育模式创新的根本依据。从模式创新的角度来看,教育者仅仅把握大学生的行为特点还远远不够,还需要进一步掌握大学生形成这种特点的原因。一般而言,大学生行为是外显的,其特点可以通过观察方法进行归纳,而要掌握具有内隐性的大学生的思想特点,关键就在于"疏",就是让大学生"说话,说真话",通过创造宽

松的氛围、疏浚沟通渠道、搭建对话平台等一系列举措,让大学生原原本本地道出自己的真情实感,完完整整地表达自己的思想观念,从而了解学生的所思所想。在把握大学生思想特点的基础上,能够从更深层次分析和研究大学生的行为方式,从里到外、从源到流全面掌握大学生的行为特点,并预测其未来发展趋势和发展方向,为开展大学生思想政治教育模式创新奠定基础。"疏"只是手段,"导"才是目的。思想政治教育工作者要特别注重在"导"上下功夫,导思想、导行为,通过选择运用各种教育方法,引导大学生不断强化正确的且不断纠正错误的思想观念和行为习惯,以达到大学生思想政治教育模式创新的根本目的。

2. 理论与实际相互结合的原则

理论与实际相互结合是处理一切问题的基本方法。理论对实际具有重要的指导作用。列宁曾说:"没有革命的理论,就不可能有革命的运动。"实际反过来又对理论起到补充和修正的作用。理论与实际相互结合的原则,正确反映了理论和实际之间的辩证统一关系。现代思想政治教育,就是要求人们运用科学的方法认知世界,要求必须深化理论的指导力量,同时也要结合不同的国情、时代背景等实际情况开展思想政治教育,以达到知行合一的效果。

大学生思想政治教育模式创新是一项实践性很强的活动,必须有科学的理论加以指导。大学生思想政治教育模式创新是依据教育对象的实际情况、教育环境的不断变化来更新教育方式和方法的过程,是不断地将抽象的理论与具体的实际相结合的过程,是与思想政治理论教育相互配合、形成合力的过程,是加深和强化教育对象对理论的理解与把握、实现教育对象对理论的自觉接受和科学运用的过程。理论在大学生思想政治教育过程中发挥基础和保障的作用,是教育过程的出发点和落脚点,如果没有理论的指导和运用,大学生思想政治教育模式创新将失去依据、失去方向、失去价值。在大学生思想政治教育模式创新中,必须牢牢坚持理论与实际相互结合这一原则。

3. 国际化与民族性发展相互统一的原则

随着全球化的发展,面向世界、放眼全球成为每一个国家、每一个民族甚至每一个社会个体必须具有的思维方式和视觉维度。然而,全球化亦造成了大量的"文明冲突",作为应对全球化挑战的基本策略,世界各国尤其是发展中国家,为了维护国家的主权和独具特色的民族文化,继续坚持民族化发展的现代化取向。事实上,民族化和全球化是相辅相成的,民族化是全球化发展的基础,全球化是民族化发展的条件。在全球化与民族化的交织中谋求发展,成为每个国家、社会乃至每一个个体都无法回避的现实。大学生思想政治教育也不能例外。

置身于全球化的国际环境下,面对激烈的国际竞争,要应对不良思潮对大学生的不利影响,对于大学生思想政治教育工作来讲,自我封闭或者一味回避都是没有出路的。同时,大学生思想政治教育应当立足于中华民族传统文化的基石,立足于中国特色社会主义现代化建设的实践,进一步加强对大学生的民族精神教育和时代精神教育。

不难看出,大学生思想政治教育模式创新必须正确处理"外"与"内","他"与"我"的关系,既立足于本国又面向世界,在坚持面向世界与立足民族发展相统一的过程中,培养既懂得中国又了解世界、既有民族气质又有国际视野的新型人才。

4. 主导性与多样性相互统一的原则

主导性与多样性相互统一,要求大学生思想政治教育既要坚持"一元主导",又要允许"多样发展";在教育目标、教育内容、教育要求、教育渠道、教育方法等各个方面既要体现主导性,又要体现层次性、丰富性、广泛性、多样性。对于大学生思想政治教育模式创新而言,坚持主导性就是要求必须坚持用社会主义的意识形态、马克思主义的指导方针和中国特色社会主义理论武装大学生头脑。多样性则是根据不同教育对象的要求,丰富并发展主导性的要求,对主导性的发挥起到配合和补充的作用。多样性包括内容选择的多样性和针对不同教育对象、教育环境实施教育的多样性。

主导性是实现多样性的前提,离开主导性的多样性必然导致教育活动的混乱,使日常思想政治教育失去目标和存在的价值基础;多样性是实现主导性的条件,离开多样性必然导致教育活动的僵化,不利于提高大学生思想政治教育的针对性和实效性。因此,创新大学生思想政治教育模式必须要注意主导性与多样性的紧密结合,二者缺一不可。

5. 自主性与社会化相互统一的原则

大学生思想政治教育模式创新要坚持自主性与社会化相统一的原则,主要是基于开展大学生思想政治教育的组织而言的。随着社会的发展和进步,对大学生进行思想政治教育已经不仅仅是高校的责任,更是全社会共同的责任。因此,从这个意义上说,大学生思想政治教育模式创新必须走出学校、走向社会,既坚持自主发展的独立性,又能够融入社会,充分利用社会优秀的育人资源和广阔的育人平台。

众所周知,大学生思想政治教育是高等教育的重要内容。高校首先应充分发挥自身的自主性,充分调动一切教育力量,充分利用既有资源,切实增强大学生思想政治教育的实效性。同时,高校更应该敞开大门,将大学生思想政治教育置于社会系统、环境和平台之中,以社会生活的生动素材、经济建设的巨大成果、文化建设的优秀作品教育和引导大学生努力推进大学生思想政治教育工作的社会化发展,充分利用社会力量和社会资源,开创大学生思想政治教育的社会化发展局面。坚持大学生思想政治教育的自主性与社会化相统一,既有利于高校、社会各方形成合力,又有利于直接推动大学生个人发展的社会化进程,是当前以大学生思想政治教育为载体进行大学生人格养成教育的必由之路,因此也是创新大学生思想政治教育模式必须坚守的原则之一。

三、"五位一体"构建大学生思想政治教育综合育人新模式

事实上,从大学生思想政治教育理论研究与实践过程来看,学者和教育者们分别从不同视角、不同侧面探讨并构建了大学生思想政治教育模式。但是,大学生思想政治教育是一个系统工程,不可能从某一个模式出发便能开展有效的大学生思想政治教育活动,而更多地需要发挥不同思想政治教育模式的合力作用。具体说来,全面素质模式主要以培养大学生综合素质为核心内容、契约管理模式以共同履约为核心内容、社会支持模式以充分利用环境影响为核心内容、咨询发展模式以交流对话为核心内容、文化育人模式以取得精神共鸣为核心内容,可以以此为契机构建"五位一体"的大学生思想政治教育综合发展新模式,并使之成为加快大学生成长成才的强大助推力。

(一)全面素质模式

人的发展问题是一个历代教育家都在关注的话题。随着市场经济体制的建立和科学技术的迅猛发展,民主政治的倡导和世界文化的融合要求人具有更强的竞争力、适应性、创新能力和自主精神,只有全面发展的人才能成为未来社会的主人。因此,大学生思想政治教育应当树立"全面素质"的理念,探讨卓有成效的大学生思想政治教育的全面素质模式,培养符合社会需求的高素质人才,使学生不仅具有适应时代需要的科学文化素质,而且在成长过程中学会求知、学会做事、学会共处、学会做人。

1. 全面素质与大学生全面素质的含义

从教育学意义上来说,素质是人在先天遗传的基础上,受到后天客观环境的影响,通过长期内化所形成的相对稳定的品质,包括从后天环境中学习得到的知识、文化、能力、技术、社会认知等方面的智能内涵以及人的思想品质、社会责任感等方面的品德内涵。显然,素质是一个整体的结构,从广义上讲,它是人的生理、心理特征和社会性特征的有机统一,也是人关于物质和精神需求的总和。先天的素质只提供生存发展的生理基础,而后天的客观环境可以完善人的素质结构。而人们一般所说的"人的素质",则是由先天条件和后天客观环境共同作用形成的人的基本品质结构。

全面素质的概念源于工业,后来逐步进入教育领域。全面素质教育的提出和实施,表明我国大学生思想政治教育者逐渐对人的全面发展的学说有了更完整、更深刻的认识和理解,所开展的大学生思想政治教育则是在社会主义市场经济条件下,全面贯彻社会主义教育方针,为提高国民素质和培养跨世纪人才奠定基础而展开的教育实践活动。

大学生的全面素质包括思想政治素质、智能素质、生理素质、心理素质等。大学生思想政治素质在全面素质结构中处于核心地位,是大学生的思想观念、道德品质等思想政治品质的总称,是全面素质的灵魂;大学生智能素质是全面素质的重要部分,由知识系统和能力系统组成,二者相互关联、辩证统一,对大学生的成才起到关键作用;大学生生理素质是全面素质结构的基础内容,即大学生的身体机能和生命活动的有效性,是大学生成长、成才的重要保障;大学生心理素质是全面素质结构的关键内容,即大学生对待自我和周边环境的看法、认识,它源于个体内心,又受到社会价值观的引导,是包含智力和非智力因素有机结合的整体,决定着大学生全面、持续发展的内在动力。总的说来,全面素质结构中的各个要素是一个有机整体,对大学生的成长成才都具有十分重要的作用,彼此促进、相互影响,应当把这四种素质的培养和发展放在同等重要的位置,不能割裂地强化某种素质的培养,从而促进大学生的全面发展。

2. 大学生思想政治教育全面素质模式及其选择依据

大学生思想政治教育的全面素质模式是针对全体受教育者而言的,而不仅仅是针对部分学生而言;它旨在促进人的全面发展而不是单项技能的发展;它主张发挥人的主观能动性,而不是被动地接受教育;它注重培养人的创新和实践能力,而不是提倡因循守旧、死读书本;它强调人的终身学习能力,而不是满足于学校阶段的教育。可见,大学生思想政治教育全面素质模式最深远的意义在于解决教育的片面性问题,致力于培养全面发展的人才。

在我国现阶段,选择全面素质模式作为大学生思想政治教育形式有以下三个方面的原因。

(1)随着科技的发展,国与国之间的竞争根本上是科技实力的竞争,而科技实力又根源于教育实力。只有大力推进素质教育,采用全面素质教育模式,使受教育者得到全面的发展和提升,才能准确把握我国教育发展和人才培养的主动权,从而培养出真正符合时代发展、社会需求的人才。

(2)结合我国的基本国情和产业结构升级的基本要求来看,我国人口众多,长期以来以劳动密集型产业为主,未来经济发展主要应当以技术密集型产业为主,这就要求不断提高劳动者的全面素质和综合能力,以成功实现我国由人口众多大国向人力资源强国的转化。

(3)把大学生自我意识的苏醒和增强要求高校将培养人的全面素质放在育人的首位。事实证明,不从全面素质培养上下功夫,就不可能使学生得到全面发展,这将阻碍受教育者发挥创新和开拓的能力,僵化人的思维,使大学生变成"千篇一律"的模板式学生。长此以往,必然有碍于我国国民素质的全面提高和人才强国战略的实现。

(二)契约管理模式

1. 契约的起源及意义

契约起源于人类的生产和交易活动,几乎与人类的历史一样久远。西方的契约文化在经济法律领域、宗教神学领域、社会政治学理论与道德哲学领域都有十分广泛的应用。中国古代尽管没有形成专门的契约法典,但契约理念也有十分悠久的历史,在历朝历代都有关于契约的规范或民间习惯。

随着社会的发展,契约被不断赋予新的含义,但古罗马时代对契约的界定,即"契约是由于双方意思一致而产生相互间法律关系的一种约定"仍然是当代各种契约观念共同的历史渊源。总之,契约就是一种当事人双方或多方就各自利益要求满足心理预期,即在合意基础上而形成的一种具有法律效力的协议,实质上是由不同当事人以追求合意为目的而相互支持又彼此制衡的一个利益共同体。

契约的发展历史大致经历了形式主义阶段、实质主义阶段和理念精神阶段。在形式主义阶段,缔约时的形式非常重要,其中要式契约是最主要的契约形式;在实质主义阶段,契约的合意和内容被逐渐重视,一些简略形式的契约也开始被人们所接受;在理念精神阶段,契约的形式和内容都不再是衡量契约行为的唯一要素,契约精神的地位越来越凸显。契约精神是指已经内化为人们思想观念的契约原则或规范,包括缔约原则、履约规范、违约惩戒条款等,是人们对契约所持观点、看法的总和。有学者从宪政的角度认为契约精神主要包括八个方面,分别是"主体意识、权利意识、平等观念、自由观念、民主思想、法治思想、宽容理念、和谐理念"。本书引入大学生思想政治教育领域的契约理论的核心主要是包括主体平等、自由权利和问责意识等要素的契约精神,以及它们在协调大学生思想政治教育中的各种关系、维护良好的教育秩序,从而实现最终教育目标的契约功能。

2. 将契约引入大学生思想政治教育的必要性和可行性

尽管契约理念的应用十分广泛,但在高等教育领域一般却只用于分析高校与教师之间的关系,政府与高校之间的关系,以及大学生与高校之间的法律关系等,很少用于思想政治教育模式的创新和适用研究方面。但是,本书认为将契约引入大学生思想政治教育有其必要性和可行性。

(1)将契约引入大学生思想政治教育的必要性。

1)基于契约管理理念的大学生思想政治教育是实施高等教育强国战略,构建现代大学制度的需要。自 2002 年我国高等教育从精英阶段发展为大众化阶段后,高等教育毛入学率不断提高,2007 年为 27%,2009 年为 24.2%,2010 年为 26.5%。2017 年 7 月 10 日,教育部发布的《2016 年全国教育事业发展统计公报》中显示,2016 年,我国高等教育毛入学率已达 42.7%,比 2012 年增长 12.7%,到 2020 年我国高等教育毛入学率达到 54.4%。据 2020 年 7 月教育部发布的《全国高等学校名单》中显示,截至 2020 年 6 月 30 日,全国高等学校共计 3 005 所,其中:普通高等学校 2 740 所,含本科院校 1 258 所、高职(专科)院校 1 482 所;成人高等学校 265 所(本名单未包含港澳台地区高等学校),高等教育在学总规模达到 4 002 万人,规模位居世界第一。与之相关的还有 20 世纪末 21 世纪初开始的改革开放以来规模最大的高等教育管理体制改革,很大程度上理顺了政府和高校条块之间的矛盾。然而,数量不等同于质量,在政府和高校关系上的体制理顺也仅仅是高等教育改革的第一步。要想建设成为高等教育强国,只有通过建立现代大学制度才能实现。

2)基于契约管理理念的大学生思想政治教育是创新学生管理制度,实施依法治校的必然要求。众所周知,依法治国是我国的基本国策,也是治国的基本方略。而高校则是中国特色社会主义精神文明和政治文明建设的重要阵地,肩负着为实现中华民族伟大复兴的"中国梦"和推动社会主义现代化事业向前发展而培养合格的建设者和接班人的重任,必须在依法治校方面做出更多努力。目前我国已经颁布了 7 部主要教育法律,10 多项教育行政法规,200 多项教育行政规章,这些规章制度为高校推行依法治校提供了制度保障。2014 年 10 月,党的十八届四中全会审议通过了《中共中央关于全面推进依法治国若干重大问题的决定》,决定大力促进国家治理体系和治理能力的现代化,这又为高校实施依法治校提供了政策依据。同时,随着招生规模扩大、办学层次多样、各类事务增多、学生权益意识增强等新情况的出现,高校已经无法像传统模式那样简单地以行政指令来实施教育活动,而必须在依法治校的前提下创新教育模式。在这一背景下,探讨大学生思想政治教育的契约管理模式为创新学生管理制度、实施依法治校、创新大学生思想政治教育模式提供了有效途径。

3)基于契约管理理念的大学生思想政治教育是尊重学生主体性,突出思想政治教育"以学生为本"的基本理念和高等教育人文价值的需要。长期以来,高校学生的主体性在高等教育的各项教育活动中被忽视,高校往往凭借强势管理权力,在教育行为中漠视学生应有的对学校各项事务的知情权、质疑权、参与权和申诉权等权利,要求服从和发布指令多,听取建议和平等交流少,这些无疑都与契约精神相违背,也无法良好发挥高等教育的人文价值。随着主体意识的不断觉醒,越来越多的大学生开始关注自身的权益、渴望对学校事务的参与,体现在具体行为上,则是出现频繁的"大学生权益发布会""学生代表大会""学生申诉听证会"等组织行为,而"田永诉北京科技大学""刘燕文诉北京大学"等案例也显现出大学生契约意识的不断成熟。如何科学界定学生和学校的权利、义务,并逐步构建与之相适应的大学生契约管理式的思想政治教育模式,充分利用其控权性,在对学校权力进行必要限制的同时,鼓励学生建立民主意识和契约精神。

(2)将契约引入大学生思想政治教育的可行性。

1)理论可行。以商品生产和交换为主要内容的自由经济是市场经济的本质体现,其中契约自由是在经济生活中维系经济关系的首要原则。从这一层面来看,实现经济关系的契约化是市场经济最本质的法律特征。因此,市场经济社会普遍存在的契约关系也必然影响到社会的方方面面。借用经济学家科斯的理论,大学事实上也是一组契约集合,包含了大学与政府、大学与学生、大学与社会之间的契约关系。可以看出,契约作为一种古老的制度,其适用范围从宗教领域、经济领域、法学领域延展到包括高校的大学生思想政治教育领域的社会其他领域,在理论上存在可行性。

2)实践可行。事实上,契约在教育领域的应用由来已久,自20世纪60年代以来,西方发达国家就开始在教育领域中引入契约制度。20世纪80年代末90年代初,随着市场经济的发展,我国也开始重视契约制度在后勤社会化改革、政府采购等非核心教育服务领域激发出来的提高效率、提高竞争、推进改革等积极作用。这些契约在教育领域广泛应用的现实情况的主要原因在于教育属性的特殊性、教育过程的复杂性和教育种类的多样性。从本质上来说,从契约角度研究思想政治教育模式具有实践方面的可行性。

3. 大学生思想政治教育契约管理模式的内涵和特点

(1)契约管理模式的内涵。大学生思想政治教育契约管理模式就是在平等的基础上,以突出主体意识为前提,以沟通交流为方式,以制度规定为载体,通过相对固定的、清晰的契约来约定教育者和受教育者的职责、权利和义务、利益等的一种教育形式。

(2)契约管理模式的特点。

1)大学生思想政治教育契约管理模式中的缔约双方是一种不完全契约关系。现代契约理论包括完全契约理论和不完全契约理论。完全契约理论(Complete Contract)是一种以完全竞争市场为假设前提而形成的契约。不完全契约理论(Incomplete Contract)是一种假定人是有无限理性、外在环境充满复杂性和不确定性的前提下而形成的契约,缔约双方无法对未来进行完备预判,契约条款是不完全的。就教育的本质属性和教育主体的特殊性而言,大学生思想政治教育契约管理模式中的教育者和受教育者无法就教育内容进行一次性的约定,必须随着教育阶段的变化、教育主体的思想心理行为变化和缔约双方的期望值变化进行适时的调整。因此,契约管理模式中缔约双方之间的契约关系是动态的。

2)大学生思想政治教育契约管理模式是一种隐性契约和显性契约相结合的模式。显性契约是一种为了降低市场利益主体交易成本,依靠法律强制执行的明文契约,强调满足利益主体基本物质利益要求,具有静态性、离散性等特点。隐性契约是一种默认契约,是由于诸多原因无法明确写入条款而缔约双方达成默契的复杂协议,是一种暗示性契约,主要依靠缔约双方的诚信为约束并加以履行,具有非协议性、博弈性的特征。以遵守学校的考试制度为例,从显性或具象的角度来看,学生从入校开始即与学校达成了不在考场作弊的契约,违反这一契约的后果有可能是被学校发现且给予处分;但从隐性或抽象的角度来看,是否不被学校发现作弊行为就算是没有违背与学校达成的遵守考试制度的契约了呢? 显然不是,学校与学生达成的不仅仅是不被发现作弊行为的契约,还达成了不实施作弊行为的契约,而后者的履行完全靠缔约方的诚信和自律。

3)大学生思想政治教育契约管理模式所建立的契约大多数是以心理契约为主的非正式契约。心理契约是组织成员在任何时候都在执行的,没有用书面形式明确表达的一系列期望。心理契约的研究起源于英国和美国,大多用于雇主和雇员之间的关系研究,在中国的研究处于起步阶段,尤其是在教育领域的研究,尚属空白。心理契约既有期望的性质,又有对责任与义务的承诺。心理契约具有主观性、动态性、社会性、个体性等特点,是一个受个人、组织、经济、政治和文化诸多因素共同影响的复杂的心理结构。沟通满意感对心理契约的构建与实现具有积极的促进作用,正如美国心理学家亚伯拉罕·马斯洛(A. H. Maslow)需要层次理论所言,人不仅需要满足生活和安全等最基本的需要,而且在此基础上还会产生对爱、尊重和自我实现的需要,而沟通正是满足这些需要的基本途径。大学生思想政治教育契约管理模式中心理契约的建立大致要经历由相互认同到积极交流、彼此接纳和相互遵守的过程,教育者须要时刻关注大学生的期望和要求,并及时梳理和审视自己对受教育者的期望和要求,以确保向大学生传达科学合理的期望和要求,从而最大限度地发挥"心理契约"的教育功能。

(三)社会支持模式

环境对人的重要作用不言而喻。人们能感受到的环境源于教育对象的特定关注。关注是信息的一种选择、取舍过程。在不同的环境中,各种事物与人的需要有程度不同的联系,从而引起程度不同的心理动力。现代社会,环境的多维性、复杂性和开放性进一步增强,环境影响的功能也随之不断强化。正如亚里士多德(Aristotle)所说:"人不仅在社会里受生活、训练所支配,而且其人格在社会里被流传的故事与理想所塑造。"大学生的成长与成才离不开社会大环境。因此,尽管学校在思想政治教育中起着中心的作用,而研究当前的大学生思想政治教育,不能仅仅局限于高校这一领域,更多地应该放眼于整个社会大环境,充分认识社会支持对大学生成长成才的重要作用。

1. 大学生思想政治教育社会支持模式的内涵

(1)社会支持。支持作为一种行为和现象是人类社会的一种客观存在,而社会支持则是从 20 世纪 70 年代以后成为科学的专用术语并逐渐发展成为一套丰富完整的理论。社会支持作为一个科学概念首先在神经病学文献中提出,随后便在社会学、医学、心理学等学科的大量研究中被广泛应用,虽然各个领域的学者从各自不同的专业视角出发界定社会支持的概念,阐释其科学内涵,但是至今并未形成一个统一的概念。而学者林南在综合众多学者对社会支持的讨论基础上给出了一个相对综合的定义,他认为,社会支持是由社区、社会网络和亲密伙伴所提供的感知的和实际的工具性或表达性支持,他将社会支持分为工具性支持和表达性支持。近年来,越来越多的研究者开始意识到人与人之间的联系(如家庭关系、朋友关系、同事关系等)是社会资源的重要指标,这些联系构成了整个社会支持网络,对个体的发展发挥着至关重要的作用。因此,社会支持理论的研究者开始重视研究社会支持网络,以及社会支持系统及其要素(主体、客体、内容和手段)各方面的研究日趋成熟,且各领域对于社会支持理论与实证的研究也日趋细化,除已被普遍应用于对我国病患、弱势群体等诸多对象和领域的研究中外,对一般个体的作用也开始被注意和研究。

不难看出,社会支持与思想政治教育有着密切的联系,从某种角度来说,社会支持就是思想政治教育的一种方法或形式。随着全球化和信息化大潮的不断涌进,思想政治教育也面临着前所未有的挑战,即呼唤创新的思路和寻找有效的方法。近些年来,研究者们从不同角度探索了大学生思想政治教育的各种模式,主要包括主体性大学生道德教育模式、情感性道德教育模式、基于科技伦理视角的大学生网络道德教育模式、新媒体视域中的大学生道德教育创新、通识教育视域下大学生道德教育等。因此,将社会支持的理论纳入思想政治教育领域中,同样有助于创新大学生思想政治教育模式。

(2)大学生思想政治教育的社会支持模式。社会支持引入大学生思想政治教育中,是因为在当前高等教育模式中大学生的角色定位过于单一,培养方式也相对简单。然而,大学生思想政治教育由施教到被大学生接受却是一个十分复杂的过程,正如"政治社会化"是人们习得其政治取向和行为模式的发展过程,是社会的一代到下一代传递其政治文化的方式。因此,大学生思想政治教育的社会支持模式就是通过建立和运用某种广义的社会联系,构建立体化的教育网络,在认知、行为和心理三个层面上为大学生的成长和发展提供必要的支持与帮助,其核心在于使大学生获得精神方面的支持。

社会支持模式对大学生的支持主要体现在:①在认知支持方面,大学生通过获得的社会支持,以效仿和自律的方式提升自己的认知水平,正如陶行知先生所说的"熏染与督促两种力量比较起来,尤其是熏染最为重要",这里的熏染实际上就是指社会支持;②在行为支持方面,大学生通过体验和利用所获得的社会支持,在具体的行为中内化社会支持所带来的缓冲、鼓励、指引作用,并将这种感受内化为稳定的情操和素养,从而矫正自身的行为;③在心理支持方面,大学生通过主动寻求帮助获得相应的社会支持,以此来应对生活事件带来的压力,减轻因心理压力所造成的焦虑情绪。

大学生思想政治教育的社会支持模式除了具有传统思想政治教育的一般特征外,还具有区别于传统教育的重要特点。

1)空间时间的无限性。与常规的课堂教育或校园文化活动不同,大学生思想政治教育社会支持模式的实施似乎不受任何空间和时间的限制,学生既有可能在一次参观活动中升华道德品质,也可能在家庭成员的一次聚会中领悟人生的真谛,甚至有可能从一次旅行中得到思想道德方面的启发。

2)效果的持久性。大学生思想政治教育社会支持模式的育人成果并不随着某一项教育活动的结束而消失,其影响可能会伴随学生终生,并有可能通过学生去影响其子女和其他人,最终为社会创造出的物质财富和精神财富难以用数量计算。这种效果的持久性是大学生思想政治教育传统形式所不可比拟的。

3)干预范围的广泛性。传统的思想政治教育会直接告诉大学生什么是对的,什么是错的,直接引导大学生往正确的方向走,避免往错误的方向走。相比之下,大学生思想政治教育社会支持模式的干预范围可能更加广泛。对于尚未出现问题的大学生,家庭、学校、传媒的各种教育渠道能够提供正确的价值观念,从而引导个体的主观判断;对于已经出现问题的大学生,成熟的心理干预系统可以纠正负面的影响,调动个体积极层面的意识与行为去应对已有的问题。这种广泛的干预范围几乎可以囊括大学生的学习、生活、求职、实践、恋爱等所有问题。

4)实施强度的伸缩性。区别于传统思想政治教育形式实施强度的统一性特点,社会支持模式的实施强度具有很大的弹性。有时可以"润物细无声",比如一篇好的文章所引起的共鸣、一个友善举动引起的反思等;有时则通过激烈的体验来达到教育的目的,比如组织大学生参加军事训练、夏令营等;有时需要通过专业的媒介来实现教育的目标,如专业的心理测评、宣泄治疗等。

2. 大学生思想政治教育采取社会支持模式的必要性

目前,从社会支持的理论视角来探寻提高大学生思想政治教育效果的路径问题,还没有引起人们足够的重视,将社会支持理论应用于大学生思想政治教育研究的已有文献更为鲜见。本书认为可以从如下四个方面来认识社会支持理论引入大学生思想政治教育的必要性。

(1)依托社会支持的大学生思想政治教育是大学生初步实现社会化的需要。谢昌逵提出,道德教育是应然的以道德性为本的教育模式,而公民教育则是实然的以合理性为本的教育模式。换言之,公民教育是教人如何做人的教育,因此应该是面向全社会所开展的终身教育。大学生处于心智完善的重要阶段,他们的成长过程中需要有集体的认同和鼓励,因此,积极融入集体,参与社会才能使大学生的自主性得以形成。当代大学生部分存在利己主义的价值取向,社会规则意识、社会归属意识和社会责任意识都比较单薄。尽管在道德认知方面明白承担社会责任的必要性,但道德认知和道德行为仅显示出较小程度的相关,表现在现实中则是大学生在公共伦理道德和社会责任实践中存在的知行不统一。这说明社会支持对于思想政治教育实现认知和行为统一的积极作用。

(2)依托社会支持的思想政治教育形式是大学生思想政治教育现实化、生活化的需要。大学生思想政治教育必须走向生活化才能真正深入人心,在潜移默化中使大学生受到教育、得到熏陶。建立社会支持模式,通过家庭、媒体、社会的多方合力,使大学生日常学习生活的环境充满社会支持的力量,才能让大学生思想政治教育工作真正"沉下去",走进大学生的生活,避免空洞的书本说教和理论灌输,充分发挥大学生思想政治教育的效能。

(3)依托社会支持的思想政治教育是解决大学生实际问题与社会问题趋强关联化的需要。当前,大学生面临的诸多问题直接表现为社会问题,深刻且直接影响着社会形势,如大学生心理健康、大学生就业、大学生信仰、大学生婚恋等问题。自1985年联合国建立"国际青年年"以来,长期致力于倡导各国制定跨部门的一体化国家青年发展政策,将青年发展问题融入国家发展战略中,采用全面协调的方式解决青年问题,而依托社会支持的思想政治教育就很好地回应了这种政策。

(4)依托社会支持的思想政治教育是应对高等教育环境时代化的需要。现代社会环境的综合性更加突出,物质环境影响着精神环境,精神环境反过来作用于物质环境;经济环境决定着精神环境,精神环境又潜移默化地改造着经济环境。与传统的思想政治教育相比,社会环境通过各种潜移默化地渗透方式正在成为影响大学生思想行为的重要因素。在这种情况下,在思想政治教育中引入社会支持理论,可以有效应对瞬息万变的信息给大学生带来的价值识别困境,这也与倡导通过价值评价和选择性的学习,进而开展独立思考和自我反思,最终形成自己价值观的价值澄清理论不谋而合。

此外,目前国家倡导的教书育人、管理育人、服务育人的全员育人理念和咨询式、共感式、体验式的隐性教育以及社会支持理论的影响机制,都为大学生思想政治教育社会支持模式的创建奠定了良好的基础。综上所述,社会支持模式能够有效地弥补传统大学生思想政治教育模式中的缺陷,对于创新大学生思想政治教育模式具有充分的必要性和可行性。

(四)咨询发展模式

当代大学生的成长经历、性格特点等随着时代变迁呈现出了空前的多样性。"因材施教"不仅仅应该体现在传授书本知识层面上,思想政治教育方面更应当根据大学生的不同特点采取不同的方式和方法。同时,由于现实社会在不同程度上存在着理论与实际脱离的情况,滋生了相当广泛的社会逆反心理,这种逆反心理对于高校思想政治教育工作者和传统的训导式教育方式存在着比较抵触的情绪,成为高校思想政治教育顺利开展的重要障碍。因此,大学生思想政治教育必须摆脱生硬说教的固态、专职训导的姿态,而是采取平等的、对话的、个性的、建议的方式,从社会生活的各方面进行渗透式的教育。由此,将咨询发展融入大学生思想政治教育过程中,不失为一条适应当前发展的大学生思想政治教育模式创新的路径。

1. 大学生思想政治教育咨询发展模式的内涵

咨询,是指通过头脑中所储备的知识和经验,对外部信息资料进行综合分析加工所形成的综合性研究开发活动。在经济、政治活动中,咨询成为辅助决策的重要手段,它已经逐步发展成为一门新兴的软科学。而发展,从普遍意义上说是人或事物由小到大、由简单到复杂、由低级到高级的变化。从教育学的视角来看,发展就是指人类个体由诞生到死亡的这一整个生命过程中在身体、心理、社会化等诸方面所发生的变化。大学生思想政治教育咨询发展模式是指高校的思想政治教育工作者与大学生通过平等的、对话的、个性的、建议的交往方式,起到大学生成长过程中的顾问、参谋和外脑作用,从而帮助他们实现各方面全面的成长和发展。

2. 咨询发展纳入大学生思想政治教育的必要性

(1)将咨询发展的方法运用于大学生思想政治教育中是促进大学生成长成才的需要。美国康州教育部的研究结果表明,高质量的咨询服务可以对孩子的幸福产生长期影响,并且能有效避免学生陷入暴力犯罪、吸毒以及酗酒等不良行为之中。而高质量的学校咨询服务不仅可以提高学生成绩,促进学生的学业成就,而且在加强班级团结、强化老师管理班级能力等方面有积极作用,能够更好地满足学生心理健康的需要。咨询服务对于人生的任何阶段都有积极的作用,大学生正处于人生成长的黄金时期,观念、思维等尚未定型,在他们成长的过程中发挥大学生思想政治教育咨询发展模式的优势,将对他们的成长产生积极而深远的影响。

(2)将咨询发展的方法运用于大学生思想政治教育中是适应大学生时代特点的需要。总体来看,当代大学生的自我意识比较强、社会意识比较弱;竞争意识比较强、受挫能力比较弱;知识能力比较强、辩证能力比较弱;认同感比较强、践行力比较弱;兴趣爱好比较强、学习能力比较弱。针对这些特点有必要开展相应的咨询服务,帮助大学生提高社会责任感、应对挫折的心理承受力、分辨事物的能力、参与实践的能力以及获取知识的能力。

(3)将咨询发展的方法运用于大学生思想政治教育中是大学生开展自我教育的需要。

从某种意义上说,思想政治教育的目的就是为了促成自我教育。著名教育家叶圣陶曾说过,"教育的目的是为了不教育","不教育"其实就是自我教育。外因必须通过内因才能起作用,咨询服务实际上就是通过外界信息的传达,最终使大学生主动开展自我教育,主动提高自身的思想意识和道德水平。咨询服务更加尊重大学生的个性和特点,更易被大学生所接受,能够更加有效地实现大学生自我教育的目标。

(4)将咨询发展的方法运用于大学生思想政治教育中是高等教育发展的需要。随着高等教育的发展,高校将彻底改变过去的以院系、班级为单位的条块式管理,更加重视个性化服务,单一的说教和灌输已经不能适应时代的发展,而根据个体需求、针对个体特点、尊重个体权利的大学生思想政治教育咨询发展模式无疑更能适应未来高等教育发展的需要。

3. 大学生思想政治教育咨询发展模式的基本构成

随着社会的发展与时代的进步,高等教育的咨询服务早已不局限于传统的"心理咨询",而呈现出了新的变化。在咨询内容方面,除了常见的心理健康咨询外,还有学习方法咨询、就业咨询、人际关系咨询等;在咨询形式方面,除了传统的面对面交谈咨询外,还有电话咨询、网络咨询、报刊专栏咨询等。

(1)心理咨询。心理咨询是咨询者以一定的心理学理论及方法为依据,通过商谈、讨论、劝告启发来访者,协助来访者正确面对人生发展中遇到的心理问题,提高心理能力和适应能力,通过来访者自身的消化和接受来形成正确的认识、情感和态度从而消除心理障碍的实践过程。广义上说,大学生心理咨询包括自我意识心理咨询、情绪心理咨询、人际关系心理咨询、学习心理咨询、恋爱和婚姻心理咨询、休闲咨询以及生涯咨询等,本书仅论述心理健康咨询。心理健康咨询包括障碍性咨询和发展性咨询两种模式,障碍性咨询主要是解决心理疾病问题,而发展性咨询主要是为个体规划心理发展路径,提高心理承受能力,开发潜能、完善人格。从实践来看,发展性咨询在高校心理咨询中占有较大比重。

(2)学业咨询。高校的学业咨询是面向全体学生的关于学业方面的辅导、咨询和支持等活动,目的是为了挖掘学生学习潜能,帮助学生实现学习目标。学生的学业情绪不同于一般的人类情绪,它是学生在学习过程中产生和体验到的情绪。教学模式基本都是采用班级授课制,教育同质化现象仍然比较突出,重视教学科研、忽视学生研究性学习的现象也比较严重,学生"厌学""逃课"等现象屡见不鲜,很多大学毕业生感觉在大学里没有学到什么东西,以致大学生的学业情绪不尽人意。学业咨询试图通过专业人员一对一的单独辅导,解决学生学业当中的迷茫和困惑,从而建立良好的学业情绪。

(3)就业咨询。就业咨询是指高校就业指导部门对大学生就业当中存在的心理和现实难题进行辅导帮助,从而培养学生良好的就业观和发展观。随着高校扩招和社会竞争激烈程度的不断提高,大学生就业成为社会普遍关注的热点问题,有效就业咨询不仅关系到大学生个人的成长和发展,也关系到高校的办学声誉和社会的和谐稳定。

(4)人际关系咨询。人际交往是人们在生活实践中通过互相交往与相互作用而形成的人与人的直接心理联系。大学生人际关系是大学生生活中一个不可忽视的重要方面。人际关系咨询是一个从属于心理咨询范畴的概念,建立人际关系咨询体系对于大学生的成长和发展很重要。

（五）文化育人模式

当今世界,文化、经济和政治相互交融、相互渗透,文化成为衡量一个国家综合实力的重要因素。大学作为文化的主要输出地,是引领社会文化风向的主阵地,校园文化作为社会文化的重要组成部分,建立文化育人模式,对于加强社会主义市场经济条件下的大学生思想政治教育活动的有效开展具有十分重要的意义。

1. 文化育人的含义

文化,从狭义上理解是指社会的意识形态和与之相适应的制度和组织结构;从广义上理解是指人们在社会发展过程中创造的物质财富和精神财富的集合体。而大学的校园文化则是以校园为基本场域,以大学生为主体,以文化活动为载体,以大学精神为主要特征的群体文化,是除了第一课堂以外的学校其他一切教育活动,是学校长期以来形成的大家共同遵守的价值观、办学理念和行为规范。大学校园文化主要包括物质文化、制度文化和精神文化三个层面。

由此可知,文化育人,即是指以人类创造的先进文化去感化人、熏陶人、培育人。文化育人不仅包括用精神财富育人,而且也包括用物质财富和制度文化育人。尽管校园文化包含多个方面,但其都"统摄"于校园文化的精神层面,呈现为大学校园文化的"基本内核",具有教育、导向、凝聚、激励、规范等作用。大学校园文化育人则具体表现为大学对人的塑造作用、教化作用,在人的个性养成、理想信念的确立方面有着不可替代的地位,进而深刻地影响着大学生的思想道德素质。

2. 建立文化育人模式的必要性

(1)建立文化育人模式是培养高素质人才的需要。长期以来,校园文化建设对年轻人的成长产生着至关重要的影响,大学毕业生的人格品质、行为方式等都受到所在大学文化的影响。大学文化能否保持先进性,决定着大学能否培养出符合社会进步要求的毕业生,决定着整个社会文化能否朝着先进文化的方向发展。校园文化的主体是年龄结构上整体趋于年轻化的大学师生员工和庞大的学生群体,这一群体思维活跃、个性突出。同时,他们容易受社会上各种思潮影响,价值判断容易受到挑战,如何帮助大学生正确辨别优劣文化成分,实现他们的健康成长,为国家和社会培养高素质人才,已成为校园文化建设的一项重要课题。建立文化育人模式,把校园文化建设作为重中之重来抓,将为解决这一课题提供有效的途径。

(2)建立文化育人模式是繁荣社会文化的需要。校园文化是社会文化在高校的体现和延伸,校园文化是社会文化和校园精神的有机结合,在社会文化当中处于较高层次的一种文化形态。把校园文化建设好对于推动社会文化的建设具有基础性作用。高校不仅承担教书育人的任务,同时还承担着社会服务的职能,高校要创造和传播知识,引领社会文化的前进方向,必须保持校园文化发展的独立性、健康性与高雅性,以期对社会文化产生积极的带动和影响作用。从这一层面看来,建立文化育人模式,加强校园文化建设,是繁荣社会文化的必然需要。

(3)建立文化育人模式是增强高校核心竞争力的需要。校园文化是大学精神的体现,大学精神不是自发形成的,也不可能一蹴而就,而是通过历史的积淀,在继承和创新中不断形成的。每一所优秀的大学都离不开大学精神的支撑。大学精神是校园文化的灵魂,它赋予学校以生命力和发展活力,集中反映着学校的历史沿革、现实特征,是一所学校意志风格、行为规范、培养方向、标准模式等的外在表现。如果说今天高校之间竞争的根本在于大学精神的话,那么承载大学精神的校园文化就是增强高校核心竞争力的主要因素。

第二节　大学生思想政治教育模式存在的主要问题

改革开放以来,我国大学生思想政治教育在培养人才、提升大学内涵、维护社会稳定、为社会提供智力支持方面都发挥了重要的作用,并取得了一定成绩。

(1)对大学生思想政治教育的重视程度不断提高。20 世纪 80 年代中后期,邓小平同志在总结我国改革开放的历史经验教训时曾指出,改革开放"十年最大的失误是教育,这里我主要是讲思想政治教育"。此后,思想政治教育又重新被置于了十分重要的位置,特别是2004 年下发的中央"16 号文件",将思想政治教育的地位提升到前所未有的高度。显然,不断强化对大学生思想政治教育重要性的认识推动着大学生思想政治教育的体制机制的不断完善,从而形成了大学生思想政治教育有效开展的制度保障,使大学生思想政治教育工作得以扎实有力的推进,在大学生思想政治教育实效性层面取得了积极的成效。

(2)大学生思想政治教育的全面性进一步凸显。社会各界对大学生思想政治教育目标的认同感得到进一步提升,大学生思想政治教育的组织领导和依托力量更为有力,育人资源更加丰富,教育合力的功能逐步增强。在重视课堂教学主要作用的同时,高校也越来越重视对校园文化、社会实践、发展咨询、素质拓展、生涯设计等思想政治教育载体的开发与利用。在社会层面,各类组织主动采取文化熏陶、行为规范、公民教育等多种措施配合做好大学生思想政治教育工作;在家庭层面,家庭成员更加注重言传身教和家族精神的培养与传承,为大学生思想政治教育的开展提供坚实基础与有效补充。日益完善的网络覆盖也使得多渠道、多层次、全方位的大学生思想政治教育综合育人体系初步形成。

(3)大学生思想政治教育表现出更加明显的时代特征。大学生思想政治教育进程和党的思想政治理论创新步伐协同并进,党的理论创新成果更加迅速地转化成教育教学体系的重要内容。此外,大学生思想政治教育在注重理论教育的同时,更加侧重于加强理论教育与实践教育的结合,注重教育与自我教育的有机融合,使大学生通过切身参与教育过程获得自我教育与提升,注重解决大学生关心的诸如就业、心理健康等实际问题。准确把握新技术革命发展的脉搏,借助网络平台,创新思想政治教育的方式方法。

(4)大学生思想政治教育的实效性日益显著。自 1992 年起至 2019 年,教育部已经连续27 年开展高校师生思想政治状况的滚动调查。其中,2016 年的调查结果表明,大学生充分肯定 2015 年党和政府工作,高度认同以习近平同志为核心的党中央治国理政新理念、新思想、新战略。中国特色社会主义道路自信、理论自信、制度自信、文化自信进一步坚定大学生对党和国家未来快速发展的信心。对"中国特色社会主义事业进一步发展,综合国力增强,国际地位提高"充满信心;认同"人生的价值在于奉献""大学生应当走在公民道德建设的前列"等观点的学生比例呈现逐年上升趋势。近 10 年来我国大学生思想政治教育的实效性日益显著,大学生精神风貌总体趋向良好。

然而,在我们肯定近年来大学生思想政治教育所取得的成绩的同时,更应该看到大学生思想政治教育存在的问题。譬如,本书面向大学生开展思想政治教育实效性的调查来看,结果表明只有 26.40% 的大学生认为当前大学生思想政治教育"很有效果,对大学生的成长成才有显著的作用",大部分学生认为"有一定效果,但不明显",甚至有 15.40% 的被调查大学生认为基本没有效果。可见,当前大学生思想政治教育在实效性层面仍然存在很大的提升空间。具体说来,我国大学生思想政治教育模式主要存在以下五个方面的问题。

(一)教育理念滞后

本书针对当前大学生思想政治教育存在的主要问题开展调查研究,结果表明相对于思想政治教育"内容的单调枯燥""方法呆板僵化""脱离社会现实和学生需要"而言,教育理念的固化守旧是大学生思想政治教育存在的最主要的问题。

受传统习惯、经验主义的影响,在当前的大学生思想政治教育过程中仍然存在"重教育,轻自我教育""重管理育人,轻服务育人"等教育理念层面的问题。换言之,面向大学生开展思想政治教育多于帮助大学生进行思想水平、政治素质与道德修养等方面的自我教育;"教育学生"和"管好学生"往往是大学生思想政治教育者的口头禅。在这种教育理念指导下,大学生在不自觉中变成襁褓中的不能独立思考、无法进行自我教育的孩子,从而不利于人格的完善与个性的发展。

事实上,大学生思想政治教育应当重视并真正确立大学生教育实践中的主体地位,满足大学生进行自我教育、自我管理和自我服务的愿望,在强调外在教育干预、不断完善大学生规章制度管理、强调他律重要性的同时,进一步加强大学生自我教育、自我管理与自我服务的有机结合,让学生在知识的海洋中自主地汲取营养,学会探索并发现真理,从而取得对思想、政治与道德的深刻认识;逐步引导大学生主动从学校走向社会,积极参与社会实践,从而在社会实践的锻炼中学会分辨"真""善""美"与"假""恶""丑",实现人格的不断完善。

(二)教育内容片面单调

大学生认为当前的思想政治教育内容实施最有效的既非道德情操培养,又非社会实践和创新能力培养,而是国情、国史教育。因此,表明当前大学生思想政治教育在内容上存在单调片面的倾向,即片面强调国史国情等层面的政治理论教育,从而在一定程度上忽略了心理教育、情商培养、实践能力、团队意识与职业道德等层面的教育指导。此外,大学生思想政治教育实践过程中,往往习惯于遵守"千篇一律、千人一面"的教育规定和目标要求,从而极易忽略不同特点的大学生在各个成长阶段的不同发展特点;常常会因为一时一事的要求调整教育内容或内容的侧重点,在一定程度上忽略了大学生成长成才的全面需要,是造成学校教育与社会现实彼此割裂的重要因素之一;社会上出现的一些不良现象或舆论有时会对大学生的思想产生大于思想政治教育的影响力,极易使大学生思想政治教育内容在现实面前缺乏应有的说服力和感染力。

(三)教育方法僵化

在当前的大学生思想政治教育实践中,教育者往往忽视双向交流和学生能动性的发挥,尽管比早期有了一定的改进,但基本上还是习惯于采用传统的灌输、说教和管理方法和手段,导致政治话语、文件话语、权力话语大量充斥在大学生思想政治教育过程之中,教师往往把讲解变为独白,而大学生却通常只能被动地接受教师的知识和思想,从而在一定程度上造成了思想理论知识与大学生的实际生活经验和具体生命体验之间的彼此割裂,大学生被动地沦为了储存信息的容器。

与此同时,"QQ、微博、微信"等网络新媒体是当前最受大学生欢迎的思想政治教育载体,在大学生喜爱度排名中将新媒体排在第一位的大学生数占被调查人数的26.8%,相对而言,将思想政治理论课排在第一位的大学生仅有7.3%。然而,受科技的高速发展和年龄等主客观因素的影响,部分思想政治教育者往往会因为不能及时掌握最新的网络技术,无法有效利用微博、微信等网络新媒体进行大学生思想政治教育,从而容易使思想政治教育方法表现出单一、枯燥的僵化状态,极易使大学生对思想政治教育萌生抵触情绪和心理,引发青年群体对教育内容的排斥和反感,导致教育感染力和实效性差,教育内容难以真正内化为大学生的日常行为,造成了事倍功半的结果。

(四)队伍专业化水平不高

思想政治教育队伍的教育水平对大学生思想政治教育实效性的实现具有重要作用。随着素质教育的全面推行,大学生思想政治教育开始强调全面性、层次性和现代性,这就更加要求不断提升大学生思想政治教育队伍的专业化水平,使大学生思想政治教育者应具有更完备的学科知识和更现代化的管理手段。然而,在现实的大学生思想政治教育实践中,参与思想政治教育者普遍认为影响思想政治教育实效性最主要的因素便是思想政治教育队伍建设滞后。

具体说来,这一滞后性主要体现为思想政治教育的基础理论和教育方法研究相对滞后,要么专注事务、忽视研究;要么敏于思考、疏于研究;要么脱离实际、空谈研究;要么方法单一、不会研究,既没有随着经济、文化、信息的不断发展转变必要的工作观念和思路,也没有随着大学生的思想动态变化而更新必要的教育语言和方式,以致限制了思想政治教育的持续发展。此外,调查研究可以看出,当前大学生对思想政治教育者最为看重的不是教学水平,而是师德水平和人格魅力。因此,思想政治教育者专业化水平的提高,不仅要强调思想政治教育的理论化水平的提高,而且要强调自身的品德修养和人格魅力的提升。

总体来说,我国大学生思想政治教育模式当前存在的主要问题可以概括为传统的大学生思想政治教育模式与现实条件之间的四个"不相适应"即教育理念与当今社会现实不相适应、教育内容与大学生的实际需求不相适应、教育方法与当今信息手段不相适应、教育队伍与思想政治教育地位不相适应。尽管大学生思想政治教育状况在逐步改观,但这些现实存在的问题仍然应该引起我们的高度重视。

第三节　大学生思想政治教育模式问题的成因

(一)教育本质的认知异化导致教育理念的滞后

教育从本质上来说即是培养人的活动,而促进人的全面发展则是马克思主义教育理论体系的核心内容,也应该是指导我国大学生思想政治教育的认知基础。从中西方教育实践的历史进程上来看,中国古代强调以包含礼、乐、射、御、书、数的"六艺"塑造圣贤之才,而西方的传统教育也强调以包含数学、几何、天文、音乐、语法、修辞、逻辑的"七艺"培养和谐之士。然而,在我国高校的教育实践过程中,曾经出现过过分注重对知识、经验和技术等的传授和训练,从而在人才培养的过程中时常出现重知识、轻价值,重技能、轻理想等倾向。追根究底,在于人们忽视了教育的育人本质,而更加关心教育会带来什么。随着人们对于教育本质认识的异化,大学生思想政治教育也逐渐沦为对学生进行简单加工的工具,片面强调教育好、管理好学生,而忽略了教育对大学生发展的需要,是教育理念滞后的重要原因。很显然,这种教育的最终结果就是制造了大量技能一致、品味一致、特点一致的学生,而不是一个个全面健康发展的"人"。

(二)教育与现实需求脱节导致教育内容的片面单调

教育与现实需求的脱节主要体现在三个方面:一是当前的大学生思想政治教育与社会发展的现实需求相脱节,主要体现在大学生思想政治教育内容没能及时解决社会发展对大学生思想观念变化所产生的影响问题,没能全面系统地审视社会背景与大学生思想政治教育之间的关系问题,也没能充分体现思想政治教育理论发展的时代性问题,从而极易使大学生在进行道德判断与道德选择时感到困惑和迷茫。二是当前的大学生思想政治教育与知识教育脱节,学科设置的细化将本应是知识教育与思想政治教育相融合的大系统被人为地分割成为德、智、体、美、劳等板块后并进行简单相加,从而造成了知识教育和思想政治教育各行其道的现象,专业教师往往只重视专业知识的传授,而忽视了专业知识背后所蕴藏的价值理性和道德精神,思想政治教育过程中也忽略了对大学生职业道德、实践创新能力等方面的内容。三是当前的大学生思想政治教育与真正的品德教育脱节。从思想政治教育的历史经验来看,不注重德育,会产生"恶人",但是忽视德育的现实基础而片面追求至善的道德目标,往往会培养出"伪善人格"。当前的大学生思想政治教育对大学生道德素质的培养仍然以道德知识传授为主,强调道德知识教育作为教育的主要内容,从而极易使教育或者流于形式,或者沦为对至善的狂热追求,"而关乎人的良善生活的理想教育、信仰教育以及真正的品德教育不断消失",这种教育与现实需求彼此脱节的现象容易导致片面和单调的教育内容出现,从而大大抵消了教育的应然效果。

(三)功利思想的影响导致教育方法的僵化

在极端功利主义思想的影响下,大学这一学术共同体也在一定程度上容易对物质金钱顶礼膜拜,从而与自身应然的行驶轨道相脱离,陷入严重的矛盾与自我迷失状态。此外,随着社会本位思想的渗透,部分高校在教育过程中往往一味地讲适应、讲实用,功利倾向明显,从而使人文精神教育薄弱,大学生的主体性经常被忽视,而只是强调培养的人要适应社会的需要,适应论思想影响了思想政治教育工作系统。社会功利思想对高校的逐步渗透,其后果是大学生的发展不是大学生自我选择的结果,而是社会肤浅需求的结果,其弊端显而易见。

在这一背景下开展大学生思想政治教育,人们更多地在思考是否进行了思想政治教育,什么样的思想政治教育方法更加便捷且能够降低教育成本投入,而不在于采用什么样的教育方法才能更有效地推进大学生思想政治教育,切实提升大学生的思想道德修养和政治水平,从而容易导致大学生思想政治教育方法的简单僵化。

(四)队伍建设失衡导致队伍专业化水平不高

思想政治教育从本质上讲应该是能够体现"对话性"的教育,而思想政治教育者则是对话的主导者,从这一层面上来看,思想政治教育者的素质高低很大程度上决定着思想政治教育的效果。当前我国高校的思想政治教育在队伍建设上尽管取得了巨大的成绩,但也表现出一些不足,具体体现在如下五个方面。

(1)高校中讲授思想政治理论课的青年骨干教师相对比较缺乏,尤其是学科带头人数量较少,缺乏丰富的教学经验,很难有针对性地对大学生开展思想政治教育的教学工作。

(2)辅导员队伍建设的专业化水平不高,无论是年龄结构,还是学历结构和知识结构都存在着不同程度的不合理现象,从而难以应对当前复杂的社会环境对大学生思想政治教育的发展诉求。

(3)心理健康教育队伍建设明显滞后,主要表现为心理健康岗位重视不足,在编制紧张的情况下主要由辅导员开展心理健康教育,教育经费投入不足造成师生比例配备不协调,以及专业水平参差不齐等状况,不利于大学生心理问题的有效解决。

(4)高校党团组织所具有的育人功能没有能够得到充分发挥,甚至有部分高校的党政领导存在对大学生思想政治教育的价值和意义认识不足、思想政治教育专业知识不足等问题,从而没有把加强大学生思想政治教育作为高校一项十分重要的任务来抓,或者没有将大学生思想政治教育恰当地融入党团组织的建设和发展过程中,成为影响思想政治队伍建设深入开展的重要因素。

(5)全员育人的机制和软环境有待改善,从当前的大学生思想政治教育实践来看,高校思想政治教育队伍之间相互交流的平台缺失,从而使大学生思想政治教育者之间缺乏有效沟通和协作机制,协同育人的作用不能充分发挥,特别是专业教师和专职思想政治工作者各出其力、各自为政的现象十分突出。

随着改革开放的推进,传统高校思想政治教育模式与不断发展着的经济基础不相适应,与现代教育理念相违背,不能满足现代教育之需,其改革之势呼之欲出,研究大学生思想政治教育模式的创新对于改革传统模式,更好地实现大学生思想政治教育的有效性具有积极意义。

第四节　构建大学生思想政治教育模式创新的策略

高校应当结合当前大学生思想政治教育和大学生的实际特点,开拓新的育人思路,在明确大学生思想政治教育模式创新的目标与基本原则等基本理论基础上,探索建立一套既符合大学生成长成才特点又符合教育规律的大学生思想政治教育模式。基于对大学生思想政治教育模式的理论认知,"五维一体"的大学生思想政治教育综合发展新模式的构建应当从培养目标选择、教育内容选择、教育方式选择、教育过程选择与评价反馈机制创建五个维度探索其实现路径。

一、构建大学生思想政治教育新模式的培养目标选择

(一)培养目标选择要件

大学生思想政治教育目标是指思想政治教育者依据社会对高校所培养的大学生在思想状况、政治素养、品德修养和行为习惯等诸方面的质量和规格的总设想或规定,是对特定时期内大学生思想政治教育所要达到的预期效果。它明确了大学生思想政治教育的任务,体现了大学生思想政治教育的本质属性,不仅具有阶级性和政治性的特征,而且具有历史性与民族性的特点,对大学生思想政治教育模式的建构与创新具有导向性,而这一导向性也决定了大学生思想政治教育的具体内容、方法和形式、过程管理与评价反馈各个环节,对整个大学生思想政治教育模式的建构与创新起着指导、调节、控制的作用,是大学生思想政治教育的出发点和落脚点。

创新大学生思想政治教育模式的培养目标选择,需要立足于如下四个条件。

(1)大学生思想政治教育培养目标必须与国家目标保持一致,体现阶级性与政治性,历史性与民族性的特征。具体说来,各国的大学生思想政治教育目标由于文化传统和国家政体的不同而存在着差异,如英国大学生思想政治教育的培养目标是培养社会的"合格公民",美国大学生思想政治教育的培养目标是培养积极进取的美国公民,德国大学生思想政治教育的培养目标是具有向世界开放的人格的人,而法国则以培养有纪律的自由人为大学生思想政治教育的培养目标。

(2)大学生思想政治教育培养目标必须能够把大学生思想政治教育活动引导到社会发展对人才素质要求的方向,既需要明确大学生在思想、政治、道德、心理与行为习惯诸方面的发展方向,更需要满足社会对人才素质需要的预期规格,从而保证大学生思想政治教育活动能够在正确的道路上有效地开展。

(3)大学生思想政治教育培养目标必须要能够有效地凝聚各方力量,既要充分发挥思想政治教育者与大学生双主体的主动性,又要充分利用一切思想政治教育资源,从而使大学生思想政治教育各因素以培养目标为导向协同作用。

(4)大学生思想政治教育培养目标必须要立足于时代对于大学生发展的新要求,即高校的人才培养要着眼于学生的全面发展、协调发展和可持续发展,在专业与通识、学养与人格、个人与群体、身与心等方面的结合上寻求最大平衡,以"乐于学习、善于沟通、勇于承担、敢于创新"为目标,最终培养出深具涵养、有广阔胸襟、富有使命感和责任感、具有国际视野及善于创新应变的优秀人才。

(二)培养目标选择定位

基于创新大学生思想政治教育模式的培养目标选择要件,我国的大学生思想政治教育培养目标可以从以下诸方面加以概括。

一是"政",即以马克思列宁主义理论、毛泽东思想和习近平中国特色社会主义理论武装头脑,拥护中国共产党的领导和党的基本路线、方针、政策,政治立场坚定、胸怀社会主义祖国、热爱人民、理想远大,具有能够为实现中国特色社会主义事业与中华民族伟大复兴的"中

国梦"而努力奋斗的奉献精神。

二是"德",即品德优秀,具有正确的世界观、人生观和价值观。

三是"智",即学习态度端正、刻苦钻研、目标明确、方法得当、勇于创新,掌握必备的知识技能,具备较高的科学文化素质。

四是"体",即身体健康、热爱运动。

五是"美",即具有辨别是非的能力、具有良好的艺术修养。

六是"群",即具备艰苦奋斗的精神和强烈的社会责任感、人际交往能力强。

七是"情",即自我认知能力强、情商高。

八是"事",即动手能力、实践能力强。

九是"灵",即人格健全、心理健康。

十是"续",即耐力持久、肯于钻研、持之以恒。其中,"政"为核心,"德"为基础,"智"为根本,"体""灵"为前提,"美""群""情""事""续"为拓展。

总之,创新大学生思想政治教育培养目标即是要把大学生培养成为政、德、智、体、美、群、情、事、灵、续诸方面全面可持续发展的社会主义事业合格的建设者与接班人。

二、构建大学生思想政治教育新模式的教育内容选择

创新大学生思想政治教育模式需要根据时代的变化和大学生发展需求及时进行教育内容的选择和创新,不断充实和丰富教育内容,拓展思想政治教育领域。

(一)教育内容选择的基本原则

大学生思想政治教育内容是为了实现思想政治教育目标而进行的教育实践活动。随着大学生和社会发展双重需要的变化,大学生思想政治教育目标在适时调整与重新选择定位的同时,有必要进行大学生思想政治教育内容的选择与确定。进行教育内容选择需要遵循以下基本原则。

1. 坚持思想政治教育内容的政治性与大学生发展性相结合

一直以来,大学生思想政治教育都十分重视意识形态教育,并强调通过课堂灌输的方式使学生掌握政治理论知识,虽然在一定程度上满足了社会政治要求,但却忽视了思想政治教育在促进大学生个性发展层面的教育使命,使思想政治教育脱离大学生实际需求,陷入空洞说教。因此,为创新大学生思想政治教育模式,在教育内容选择上需要以政治教育为核心,重视大学生的全面发展。

2. 坚持思想政治教育内容的理论性与实践性相结合

课堂讲授是大学生思想政治教育的主要方式。可以说,课堂也是进行思想政治理论教育最有效的方式。但是,相对于课堂上收获的间接认识而言,实践是获得认识的直接来源,而且是检验真理的唯一标准。因此,选择与创新大学生思想政治教育内容必须坚持理论性与实践性相结合,以课堂教育为主,辅之以社会实践活动,从而使大学生在现实情境中切身体验并灵活运用所学知识和已有经验,形成对马克思主义基本理论,中国特色社会主义理论

体系,党的基本路线、方针、政策与国际国内热点问题更加深刻的认识。

3．坚持思想政治教育内容的稳定性与时代性相结合

从我国大学生思想政治教育历史来看,教育内容主要是特定时期社会主流意识形态,但是内容与现实的国情之间的联系不紧密,与不同时期大学生的发展需要之间的联系不紧密,对现存的实际问题缺乏针对性的回应与解释,难以让大学生入脑入心。因此,大学生思想政治教育内容的选择与创新需要在坚持政治意识形态教育的稳定性的同时,结合时代发展需要,实现全方位覆盖的教育内容:既包括爱国主义教育、公民品德教育等思想政治范畴的教育,又包括学习态度、学习习惯、专业认知等学业督导范畴的教育,还包括艺术鉴赏等人文素养范畴的教育;能够帮助大学生解决发生在身边的实际问题,想其所想、急其所急,采取主动干预的方式,促进大学生的可持续发展,提高大学生的综合素质等。

(二)教育内容选择的主要维度

大学生思想政治教育内容选择在坚持政治性与大学生的发展性、理论性与实践性、稳定性与时代性的基本原则基础上,为实现思想政治教育的综合化模式需要从如下五个维度全面地进行教育内容选择。

1．政治理论与理想信念教育

政治理论教育是社会意识形态在社会传播的主要途径,而理想信念则是人们价值追求的目标,是支配人们行为的精神动力。通过政治理论教育能够帮助大学生坚定社会主义的信念与共产主义的理想,是培养大学生的理想信念,提高大学生的政治觉悟和理论素养,帮助大学生建立科学的思维方式,实现全面发展的目标。

2．传统文化与思想道德教育

在社会经济不断发展的过程中,大学生的价值体系受到拜金主义和享乐主义等思潮的侵蚀。在多元化价值观的影响下,部分大学生抛弃了勤俭节约等传统美德,重享受轻奉献,讲奢侈轻节俭,重利轻义等现象时有发生。针对这一现象,大学生思想政治教育内容有必要融入传统文化内容,用我国传统文化当中所蕴含的精深的哲学思想和深厚的人文底蕴浸润大学生的思想,开展以社会主义核心价值观为基本内容的思想教育,突出道德教育的基础性地位,开展针对拜金主义和享乐主义等不良思潮的专题教育。

3．创新教育和实践教育

充分开发人的潜能,培养创新能力是教育的重要目标。因此,创新教育势必需要纳入大学生思想政治教育的内容范畴。开展创新教育具体包括如下方面:一是创新教育必须立足于专业素养的不断提升。大学的专业知识教育是帮助大学生掌握专业知识并建立合理的知识结构的教育。一般来说,合理的知识结构既要能满足专业和社会生活的需要,又要有自己的独特之处,博而不杂,专博结合。合理的知识结构应当具备要素齐全、比例协调、构成灵活、动态调整等特征。专业知识是构建大学生知识结构的核心知识,同时也是大学生创新必

备的认知基础,对于大学生成才具有基础性作用。二是要求营造校园鼓励创新、崇尚创新的氛围,通过学术讲座、学术论文比赛、创造成果展评等科技创新活动,增强大学生的创新意识,提高大学生的创新能力。此外,能力是智力的表现形式,分为智力类能力和操作类能力,它是知识和智力的结晶,在人的智能结构中发挥着效应转化器的作用。能力教育对于大学生来说至关重要,对大学生成才具有现实的和潜在的作用。因此,实践教育必须纳入到大学生思想政治教育的内容体系当中,从而帮助大学生提升善于解决问题的实践能力。

4.身心素质教育与就业教育

高校应当关心大学生发展过程中遇到的身体、心理、就业发展等各种问题,而这一系列问题也正是大学生思想政治教育需要解决的重要内容,需要充分发挥咨询功能,通过建立咨询机构、健全咨询制度、构建咨询网络等方式提供指导和服务,促进学生健康发展、快乐成才。

(1)身体是开展一切其他活动的基础,大学生应当努力提高自身的身体素质,为全面提高素质奠定良好的身体条件。加强体育锻炼可以强健体魄、培养良好的心理品质和社会适应能力。身体素质教育在为大学生奠定健康的身体基础、培养良好的社会适应能力、促进智力的培养和提高、培养良好的心理品质等方面都具有十分重要的作用。

(2)大学阶段正是人的心理逐步走向成熟的关键时期,也是人的生理和心理迅速发展时期。大学生思维活跃、接受新鲜事物速度快,但是大学生社会经验缺乏,处理人际关系和辨别是非的能力尚不足,对待失败和挫折还不能有效应对,因此开展有效的心理健康教育对于大学生的全面发展意义十分重大。

(3)应重视开展就业教育。高校就业指导工作应贯穿大学学习的始终,通过各种有效方式帮助学生树立正确的择业观、掌握就业技巧、提高社会适应能力,做好职业生涯规划并做好创业培训。事实上,创业对于弥补就业岗位不足、增强毕业生社会参与的深度具有十分重要的意义。目前,创新创业教育已经在全国高校大范围普及开来,但教育的深度及成效,还尚待观察,总体而言,创新创业的普及,对于转变大学生就业观念,激发大学生的创业激情,培养大学生的创业精神,提高创业技能都具有重要意义。

5.媒介素养与网络思想政治教育

网络的广泛运用在拓宽了大学生思想政治教育渠道的同时,也对大学生思想政治教育内容选择产生了很大冲击。面对网络平台上不同意识形态和价值观念的交互碰撞,尚未形成独立的价值评价体系的大学生容易产生网络学习依赖、网络孤独症、网络言行的随意性等学习、心理、道德行为层面的问题。故而,大学生思想政治教育内容必须要适时增强网络思想政治教育内容,从而帮助大学生进行有效的价值选择与价值判断。网络思想政治教育内容则需要涵盖媒介素养教育内容。具体而言,就是需要通过将新媒体的应用渗透到课程教学与知识讲座过程中,侧重于培养大学生对媒介信息的选择、理解、判断、使用与表达的能力,使大学生形成自觉遵守媒介的使用规范和道德的优良品质。

三、构建大学生思想政治教育新模式的教育方式选择

教育方式是在一定的教育理念指导下,遵循教育的一般规律和基本原则,为实现教育目

的所设计的具有策略性的途径。构建"五位一体"(班主任负责、学生自律、领导联点、党员联系、教职工参与)综合性的大学生思想政治教育模式,必须立足于思想政治理论课在大学生思想政治教育中的主渠道作用,同时又必须防止理论教育的形式化和外在化,在采用传统课堂讲授的教育方式之外,从多样性、综合性、常态化与隐性化的角度选择相应的教育方式。

(一)高校、家庭、媒体、社会相衔接的日常化教育方式

所谓日常化的思想政治教育方式实质上就是将思想政治教育与大学生的日常生活密切结合起来,从而使思想政治教育的内容和目标要求自然而然地成为大学生本真的思想和行为习惯。这就要求思想政治教育必须从大学生日常生活的点滴着手,充分利用大学生的生活情境开展全方位的教育活动。具体说来,既包括高校贯穿大学生日常生活的教育、管理与服务,如高校为解决大学生实际困难所进行的咨询教育等;又包括大学生所受到的社会大环境影响,如家庭教育、媒体引导与社会实践活动等。

1. 大学生思想政治教育的咨询教育方式

针对大学生的实际需求,高校的咨询教育应主要涵盖心理、学业与就业三个层面。

(1)心理咨询。高校开展心理咨询应当注意以下三个方面。

1)要重视心理咨询在大学生成长中的重要作用。众所周知,人的心理健康与生理健康同等重要。就大学生而言,由于学习与就业压力大、处理人际关系能力较弱、情感丰富而易受伤害、抗挫折能力较弱、社会生活中理想与现实落差大等原因,心理问题尤易频发,及时针对大学生学习、生活中出现的心理问题与困惑,开展咨询教育可以有效帮助大学生管理情绪、舒缓心理、振奋精神,从而更好地投入到学习生活中。

2)要摆清心理咨询与思想政治教育之间的关系。心理咨询与大学生思想政治教育既相互联系又有明显区别,二者不可转代,更不可割裂。大学生思想政治教育包含着大学生心理健康教育,心理咨询能够有效帮助大学生解决心理问题,进而促进思想政治教育的开展。如前所述,在当前新的现实条件下,高等学校培养出的学生不仅要有良好的思想道德素质、充足的科学文化素质和健康的体魄,还要有良好的心理素质。长期以来,高校思想政治教育往往只重视学生思想观念的形成,而忽视了学生心理素质的培养;只关注国家和社会对学生思想政治道德规范的要求,而忽视了学生的心理素质教育,一些学生的心理障碍往往被当成思想问题去处理,使大学生思想政治教育失去了针对性和实效性。在此背景下,借鉴并吸收心理咨询的有关理论、方式方法、工作模式等将有助于大学生思想政治教育的开展,进一步贴近大学生的实际需要,走向生活化、科学化、具体化和实用化。

3)要努力提高高校心理咨询的专业化水平。高校应该适当引进专业从事心理咨询的人员承担大学生心理咨询工作,同时大学生思想政治教育工作者也应当由被动转向主动,积极学习掌握心理咨询的专业知识,通过课程教学、专题讲座、资格考试等多种形式开展大学生心理咨询服务,注重从对大学生进行个体咨询向实现个体咨询与团体咨询相结合转变,向咨询实践与咨询科研相结合转变等。将大学生心理健康教育与咨询作为思想政治教育的重要内容,通过宣传与普及大学生心理健康知识,建立并不断完善大学生心理健康档案,组织并指导大学生心理自助活动等手段,及时帮助大学生解决心理困惑,从而切实提升大学生的心理素质。

(2)学业咨询。学习是大学生的主要任务,很好地完成学业是大学生获取专业知识,并进一步形成科学的思维方式、培养创新精神的基础。进入大学以来,学生面临着学习环境、学习方式等一系列变化,从而容易出现厌学、自我迷失等现象。面对大学生的学习困难,高校必须将学业指导和咨询作为大学生思想政治教育的重要方式之一。具体说来,建立有效的学业咨询体系应当从以下四个方面入手。

1)成立学业咨询的专门机构。制定相应的规章制度、聘请学业咨询导师、开展学业咨询理论研究等,使学业咨询专门机构切实发挥督导学生学习、解决学生学业实际问题、挖掘学生学业潜能的积极作用。

2)举办学业咨询培训活动。对从事学业咨询的人员进行培训,使他们掌握相应的理论、技能和方法,从而提高学业咨询的专业性与科学性。

3)构建科学的学业评价、预警体系。有针对性地建立评价、预警体系,对大学生的学业情况加以科学分析和判断,从而对出现学业问题的大学生进行及时的提醒。

4)丰富学业咨询形式。采取学习经验交流会、建立学业咨询社团、成立学业咨询工作室等更加灵活、多样、有效的手段开展学业咨询。

(3)就业咨询。就业越来越成为衡量高校教育质量的重要指标,同时也是大学生最为关注的毕业出口之一。建立良好的就业咨询体系应当从以下两个方面入手。

1)要建立完善的就业咨询机制。高校应当成立专门的就业指导部门,合理利用本校教师资源和社会用人单位资源,聘请具有实战经验的专业人士对大学生进行系统性的就业指导。同时,对大学生的就业咨询应当贯穿整个大学阶段,从认识专业属性、建立合理的知识结构、科学规划职业生涯到具体的择业就业技巧等,应当结合大学生不同阶段的具体需求开展不同的就业咨询。

2)就业咨询要以培养大学生正确的就业观和发展观为要点。要通过就业咨询体系培养学生正确的就业观念,使大学生能够在正确认识自己、正确看待社会形势的前提下选择适合的就业岗位,从而使大学生认识到在未来的社会环境下,"一岗定终身"已不再是常态,而终身学习才是未来社会的常态,只有不断学习、不断进步,才能跟得上社会发展的脚步。

(4)人际关系咨询。学生步入大学之后,除了学习方式发生的变化,生活方式也同样发生了变化,宿舍生活拓宽了大学生的人际沟通平台,但是对于以独生子女为主体的大学生来说也极易使其成为滋生矛盾的平台。因此,对于大学生而言,将人际关系咨询纳入到大学生思想政治教育方式中,对于帮助他们正确地处理人际关系很有必要。

2. 社会支持体系下的大学生思想政治教育方式

如前所述,社会支持体系下的大学生思想政治教育方式,主要包括家庭教育、社会实践育人和媒体引导三个方面,而且它们的实现机制也主要通过这三个着力点,在认知、心理和行为方面给予大学生个体不同特点的社会支持。

(1)家庭教育。家庭是人们生活的重要场所,家庭气氛、家庭教养方式和家庭结构为大学生提供经济、心理、接纳等综合性的支持资源,对大学生的成长成才具有重要影响,中国重视家庭教育的传统源远流长,"子孙贤则家道昌盛,子孙不贤则家道消败""苟家人之居正,则天下之无邪""家之正则国之定"等古语都体现了家庭教育的重要性。而美国的一位社会科学家则把家庭称作是"社会经验的看门人",并且认为:"家庭教育与儿童政治意识的形成有着密切的关联。"此外,其他国家也十分重视家庭教育的地位,强调家庭教育对学校教育的补充作用。

(2)媒体引导。在当今大众媒体时代,大学生的思想与行为受到舆论导向的影响越来越明显。换言之,充分利用传统媒体与网络新媒体对于大学生思想政治素质的提升具有重要的引导作用。然而,在市场利益的驱动和消费主义的诱导下,媒体的过度市场化带来的"泛娱乐化"倾向严重颠覆了大学生群体的道德标准,混淆了是非判断的价值观念。加强媒体"社会支持"管理的作用,应当体现在为大学生思想政治教育营造良好的社会舆论氛围,并通过媒介宣传、沟通交流、教育引导、榜样示范与审美熏陶五种手段担负起大学生思想政治教育的功能与使命。

(3)社会实践教育。实践活动是指人有目的地改变现实的感性物质活动,是客观物质性和主观意识性的统一。大学生实践活动包括校内实践和社会实践,重点是社会实践。社会实践对于提升大学生的思想政治素质、道德品质具有积极作用。而社会实践作为大学生思想政治教育方式的重要性则体现在如下四个方面。

1)社会实践是提升大学生思想政治素质的有效途径。实践是人类改造社会的基本行为,是认识产生的源泉,也是掌握理论、运用理论的有效方式。一方面,大学生思维活跃,接受新鲜事物能力强;另一方面,大学生社会阅历浅,缺乏经验。社会实践可以帮助大学生更深入地认识和了解社会,更准确地寻找社会当中的难点、热点问题,更有针对性地思考解决问题的途径和方法,从而更有效地提高大学生的思想政治素质。

2)社会实践是培养大学生创新能力的有效途径。社会实践是大学生知识素质的实践检验,大学生在人与人的交往中、在具体工作的实践中、在克服困难的过程中,都能对社会交往能力、组织管理能力、创新能力等进行有效锻炼和提高。社会实践中接触到的新鲜事物为大学生创新能力的培养提供鲜活的元素和持久的动力。

3)社会实践是塑造大学生道德品质的有效途径。通过社会实践,大学生可以深入了解国情,从而激发他们的爱国热情,树立为国家和社会发展与进步而努力奋斗的精神。同时,社会实践还能够帮助大学生树立良好的社会公德。

4)社会实践是培育大学生良好的心理素质的有效途径。大学生在社会实践中能够磨砺意志品质,提高心理承受能力。"纸上得来终觉浅,绝知此事要躬行",通过参加社会实践,可以帮助大学生去除浮躁、眼高手低的毛病,培养攻坚克难的勇气和决心。

(二)以校园文化等为载体的隐性化教育方式

长期以来,在我国大学生思想政治教育实践中较多采用比较直接的、正面的灌输式显性思想政治教育方式,虽然取得了明显的育人效果,但不可避免地存在着一定的局限性,影响着大学生思想政治教育实效性的取得。因此,有必要在采用灌输式的显性思想政治教育方式的同时,充分发挥间接的、内隐的,可以使受教育者在不知不觉中受到影响的隐性化思想政治教育方式的育人功能。事实上,社会大背景下的家庭教育、媒体引导与社会实践参与在大学生思想政治教育中所具有的影响力均是潜移默化的。但是从高校的育人视角来看,校园文化则是其中最为重要的隐性化教育载体之一。

可见,高雅、积极、向上的校园文化能够通过大学生喜闻乐见的形式对大学生进行文化熏陶和思想引领。因此,有必要充分发挥各种校园文化载体在大学生思想政治教育中的正面引导作用。以校园文化为载体,发挥隐性化思想政治教育功能不仅需要有明确的指导思想,为文化育人提供保障;需要有明确的建设目标,为文化育人指明方向;需要有系统的理论架构,为文化育人奠定基础;需要具有有序的实践探索,为文化育人提供经验;还需要从以下几个方面着手。

1. 进行高校校园文化建设

如前所述,高校的校园文化包含物质文化、制度文化和精神文化三个层面,而且这三个层面之间是彼此递进的关系,由此构成了校园表层文化、中层文化和深层文化。因此,校园文化建设也须遵循由表及深的逻辑。

(1)校园表层文化建设。是以校园硬件环境建设和校园活动为主要内容的。校园表层文化建设必须要始终坚持以人为本的理念,文化建设成果易于被大学生所接受,不仅具有吸引力,而且能够体现出创造性等特点。具体说来,校园硬件环境建设是物化的文化,是可以用肉眼直接感受到的,比如一所学校的宣传橱窗、校园石刻、景观小品等。而校园活动则是由学校组织或者学生社团自发组织的各种课外活动的集合,它对于培养学生的组织协调能力、团队合作能力、创造力等均具有十分重要的意义。通常说来,有很多大学毕业生即便回忆不起来某门课所学的内容,却可以清晰地记得自己曾经参加过的某次令他们印象深刻的活动,可见举办深受大学生喜爱的校园文化活动,对于拓展大学生思想政治教育平台,帮助大学生成长成才具有很强的推动作用。

(2)校园中层文化建设。主要体现在两个层面,分别是文化类课程建设与制度文化建设。具体说来,设置诸如案例研讨式德育、心理援助与自助、人际关系学与职业生涯规划与指导等思想文化教育类课程可以从课程文化的视角丰富校园文化,产生育人价值。而且在此过程中,教师的知识素养、文化意识、价值理念、思维方式与行为习惯等可以随时随地影响大学生,是校园文化育人的主体,也是重要载体。事实上,校园文化在课堂上始终处于不断生成、碰撞、抵消、重构的动态过程中,具有不可控制的复杂性,同时也势必具有不可限量的育人价值。此外,校园中层文化建设还体现在制度文化建设上。制度是必要的存在,在制度文化的建设过程中必须始终坚持以学生为本,把规章制度的刚性要求降到最低限度,从而实现制度文化建设的终极追求,更加有助于实现制度文化育人的有效性。

(3)校园深层文化建设。主要体现在大学精神的建设上。具体说来,学校的办学理念、校训及其深刻内涵、育人目标等都是围绕在大学精神基础上的校园文化的深层次表现。

可以说,一所具有深厚的历史沉淀和较高文化涵养的大学,其校园文化的内核无论是经历着从无到有的过程,还是由错落到精致,直至大象无形的历史轨迹,均体现在学校建设和发展的方方面面。在学校历史发展的进程中,大学精神会渗透到高校的每一个细节,当这种渗透与浸润达到一定程度之时,大学精神的内涵便会自然地气韵四溢、香泽周边,熏陶着在这一文化场域中的每一位大学生。此外,大学精神主体形态的形成并非只是其自身历史积淀的单纯过程,而更多的是在多种文化的交融碰撞中不断地汲取多元文化精髓,塑造起自己所特有的文化磁场,并在这种文化磁场中滋养自己的代代学子,而且使大学生们带着母校的文化基因走入社会的各行各业,成为中国特色社会主义事业可靠的智力保障,正是校园深层文化建设想要达到的最高境界,同时也是校园文化作为隐性思想政治教育方式的价值所在。

另外,我们必须看到的是,文化的发展成熟是需要足够的时间和耐心来积淀的,而急功近利、浅尝辄止的社会氛围以及文化本身所具有的复杂性势必会不利于文化育人实效性的发挥。因此,校园文化建设非一日之功,高校须从身边的点滴做起,从物质文化到制度文化,再到精神文化,逐渐积累起高校卓尔不凡的、独特的文化氛围,并成为大学生思想政治教育的重要载体之一。

2. 实现高校校园文化建设与实现文化育人的"一点""两面""三性"和"四加强"

(1)"一点"是指要找准校园文化建设的立足点。具体说来,学校文化建设应该立足于学校自身的建设和发展,立足于全校师生的发展和成长,不仅体现出为了学校自身发展作为学校文化建设的出发点,而且体现为将实现学校的自身发展作为学校文化建设的落脚点,更加体现为文化育人应该面向全校师生这对教育主体与受教育主体。但是,就目前状况而言,仍有不少高校的学校文化建设偏离学校文化建设的根本宗旨。具体说来表现为以加强宣传工作为目的,或者以建设形象工程为目的,又或是以随大流为目的,再或者以此作为争取经费的要件等。因此,高校必须准确把握校园文化建设的立足点,从学校全体师生的智慧中来,到为促进学校师生的发展成长与学校的自身发展中去,秉承"以人为本""以尊为先"等文化建设理念,坚持立足自身,实事求是的文化态度才能取得良好的效果。

(2)"两面"是指要重点把握好校园文化的"内涵"和"外延",并尝试将二者有机结合起来。具体说来,学校文化建设所秉承的核心价值观、基本原则和根本宗旨等是校园文化的内涵,而校园文化的外延则是其具体表现形式,包括环境布置、规章制度、行为规范和管理模式等内容。从内涵和外延之间的关系来看,如果没有深刻的校园文化内涵,进行校园文化育人的一切形式和成果也都只能是形同虚设。反之,如果没有适当的校园文化外延,内涵也就不能外化为具体的文化载体,从而只能沦为"水中花""镜中月"。在校园文化建设的实践过程中,人们往往对校园文化的外延关注得较多,而忽视了内涵的塑造。然而,实际上重视并加强校园文化的内涵建设,是提升校园文化建设水平,增强校园文化效力的关键所在。

(3)"三性"是指在建设校园文化的过程中始终要坚持民主性、系统性和发展性。所谓的民主性是指在学校文化建设的全过程中,即从学校文化内容的形成到文化载体的选择均要充分发动并依靠全校师生,而不能搞"一言堂",因为针对校园文化建设而开展的民主讨论和征求意见的过程事实上也是对校园文化不断宣传和内化的过程。总之,校园文化建设的民主性是实现校园文化原创性、自然性和特殊性的重要前提。对于系统性而言,则是要求校园文化建设要在系统规划和全盘考虑之下进行,建设理念、实现形式、活动方式、物质或精神产品都需要在这一全盘系统中进行。然而,发展性则是指校园文化的建设要保持连续性和与时俱进,不能出现"三天打鱼两天晒网"、随机安排等状态。校园文化建设也必须要不断地发展和创新,真正做到流水不腐、户枢不蠹,才能使校园文化育人实现真正的"育所有的人""育人成长的每个环节气"。

(4)"四加强"是指在进行校园文化建设过程中加强思想认识、加强领导、加强引导与活动开展。首先,加强思想认识是基础。文化是看不见摸不着的东西,而且校园文化需要长时间的积累和沉淀,因此,人们难以对校园文化有足够的重视,要实现文化育人,就需要不断加强宣传,提高人们对校园文化的认识水平和重视程度。其次,加强领导是关键。"火车跑得快,全靠车头带",学校领导对校园文化重视与否直接关系到高校校园文化的建设的好与坏。再次,加强正确引导是原则。要在校园里构建健康向上、高雅质朴、文明科学的校园文化需要正确的引导,否则各种伪文化、坏思潮就会乘虚而入。最后,加强活动的开展是根本。校园文化是以活动为载体的,要开展各种丰富多彩的校园文化活动,这是实现校园文化育人的根本所在。

四、构建大学生思想政治教育新模式的教育过程选择

(一)由外在干预到自我教育的过程选择

教育过程是教育活动展开的过程,是教育者依据教育目的和学生发展的阶段性特点,在特定教育场域中使学生逐渐掌握教育内容,积累知识、发展技能、培养品性的过程。对于大学生思想政治教育过程而言就是指教育者为实现大学生在思想政治修养、道德品质、身心素质、网络媒介素养、创新实践能力诸方面不断提升的过程,它是思想政治教育模式的重要组成部分。因此,为创新大学生思想政治教育模式,实现"五维一体"综合化的大学生思想政治教育模式,从教育过程来看,不仅需要强调大学生思想政治教育的外在教育干预环节,而且必须强调大学生自我教育的内化环节。换言之,构建大学生思想政治教育新模式必须要选择由外在的教育干预到大学生自我教育的教育过程。

对于大学生思想政治教育而言,学校课堂教学以灌输式为主的思想政治教育,包括发展咨询教育,家庭教育、媒介引导、社会实践活动等在内的日常化思想政治教育,以及以校园文化为重要载体的隐性化思想政治教育,均是对大学生进行教育干预的外在思想政治教育因素。然而,外在教育干预的施行并非大学生思想政治教育过程的完结,而只是其中的一个重要环节,在此基础上,引导大学生通过自我教育的终极环节将思想政治教育内容与目标内化为自身的思想、政治、道德、心理等方面的素质。

大学生的自我教育包括"自我"和"教育"两个主要范畴,是指大学生在自我认知基础上,进行发展目标的自我设计,将外在教育干预的任务和目标融入自我发展的目标过程中,通过自我要求、自我调控以及自我评价的过程,有效地完善自身的素质和能力结构的过程。在大学生思想政治教育过程中,自我教育的作用可以概括为以下三个方面。

1)自我教育可以补充外在干预教育环节中主体性缺失的不足之处。具体说来,教师不可能把所有的知识、理论、价值和思维方式等等都传授给学生,因此授之以鱼不如授之以渔,教育的关键是让学生学会学习和促进自我可持续发展的有效方法。通过自我教育,大学生能够补充自己在干预教育中没有获取的能力素质,还可以根据自己的兴趣爱好拓展发展空间,为未来的发展储备更充分的能力和资源。

2)自我教育能够充分彰显个性,完善大学生的素质结构。通过自我教育环节,大学生可以从自己的现实需求出发,主动设计自己在思想、政治、道德、身心等素质维度方面的发展目标,从而更有效地弥补现有素质结构的不足。

3)自我教育能够培养大学生健全的人格和心理。可以说,自我教育是一个持续性的过

程,从确定发展目标、筛选教育内容、选择自我教育方法,到克服其间遇到的困难、调整教育策略、评价自我教育效果,再到将自我教育成果转化为思想道德素质、政治意识、身心素质、创新和实践能力等,都需要大学生以足够的激情、耐心、毅力和勇气去应对,而这一过程本身就是对大学生健全人格和心理的有效培养过程。

(二)践行教育过程的基本保障

大学生思想政治教育作为一个正在不断发展成熟的教育体系,不仅具有严密的组织结构和管理架构,而且具有组织的严密性、内容的系统性、环境的理想性、目标的明确性等特点。从这一层面上来看,大学生思想政治教育由外在教育干预到大学生自我教育的内化过程得以实现,除需要建立在拥有完整的教育内容体系、明确的教育目标导向和有效的教育方式外,还需要相应的教育队伍保障和管理制度保障。

1. 教育队伍保障

大学生思想政治教育队伍是有效开展思想政治教育,实现思想政治教育目标,践行教育过程的基本保证。狭义的大学生思想政治教育队伍是指直接从事思想政治教育实践活动的专职思想政治教育工作者,既包括管理队伍和实施队伍,又包括研究队伍等;而广义的大学生思想政治教育队伍是指所有参与大学生思想政治教育的工作人员。而本书所指的大学生思想政治教育队伍则主要是指在高校中专职从事大学生思想政治教育的辅导员队伍。

为构建大学生思想政治教育新模式,保障教育过程的顺利得以践行,首先需要构建创新型大学生思想政治教育队伍。然而,创新型的大学生思想政治教育队伍必须是摒弃传统经验式的模式,按照科学化、专业化、研究化、学术化的标准建立的具有系统理论指导的新群体。具体标准包括五个方面:一是专业化教育素养;二是丰富的学科知识积累;三是一定的专业声誉;四是具备专业研究能力;五是有法律、法规或者政策对专业的支持。对于创新型大学生思想政治教育队伍建设的实现路径主要可以从制度建设、提升内涵和强化评价三个方面进行探讨。

(1)强化制度建设,规范大学生思想政治教育工作队伍的选拔与配备。"不以规矩,无以成方圆",制度建设是规范大学生思想政治教育队伍特别是辅导员队伍建设的基本前提。当前,辅导员队伍的建设和发展越来越受到各方关注。各高校也根据自身实际情况,建立完善各项规章制度,加强辅导员的选拔和配备。在辅导员的选拔和配备上,一要注意选拔的规格问题,高等职业院校要配备本科毕业的辅导员,本科院校要配备研究生毕业的辅导员,保证工作的高标准和高效率;二要注意选拔的渠道问题,既要坚持面向社会公开招聘优秀人才,又要通过免试保送研究生的方法从应届本科生中选拔优秀学生,促进选拔途径的多样化。

(2)强化培养体系,建设多层次、多元化、多类型的辅导员队伍。辅导员应当根据自身特长爱好、兴趣取向、科研能力等划分为多种类型,重点应当培养好以下两类辅导员:第一类是专家型辅导员。对大学生思想政治教育工作有深入研究,实际工作当中有热情、有激情、有方法、经验丰富的辅导员,可以通过职称评定、岗位晋升、学位提升等方式,做到"政策和待遇留人",使他们稳定在辅导员工作岗位上,为辅导员队伍的稳定性起到保障作用。第二类是研究型辅导员。对科研能力突出、"沉得住、坐得稳"的辅导员,可以通过课题立项,担任思想政治教育专业课教师等方式,使他们对相关专业进行深入研究,搭建研究平台、培育骨干力量。

(3)强化评价机制,加强对大学生思想政治教育效果的控制。有效的评价机制对于提高辅导员工作效率、优化辅导员队伍建设具有积极的作用。高等学校应当从辅导员的德、能、勤、绩、廉等各个方面,采取自评与他评、上级评定与学生评定、定期评定与定量评定相互结合的方式建立合理的评价机制,从而对辅导员工作的质量与效果进行全面而准确的评价。

不难看出,"研究学习常规化、事务工作高效化、培训考察定期化、考核管理科学化"应当是创新型大学生思想政治教育队伍的有效工作思路。

2. 管理制度保障

(1)营造大学生思想政治教育的一体化工作环境。目前的大学生思想政治教育工作环境主要呈现出条块化分割的状态,各个部门、学院(系)都负有大学生思想政治教育的职能,甚至有时会因为工作交叉产生矛盾。可以说,这种条块化分割的工作平台一方面浪费了资源,另一方面无法形成合力,从而容易使大学生思想政治教育的作用无法得到良好的发挥。调动全体教职员工的育人职责和功能,营造大学生思想政治教育一体化的工作环境,是践行大学生思想政治教育过程,创新大学生思想政治教育模式的组织管理保障,从而对形成大学生思想政治教育全员育人的合力具有积极作用。

(2)进行大学生思想政治教育的科学化制度安排。进行大学生思想政治教育的科学化制度安排首先需要构筑扁平化的工作体系。具体说来,扁平化组织的优势在于充分利用信息资源,降低管理成本,提高管理效率,但其实现的条件是强调制度化管理、构建以激励为核心的考核机制、加强专业化和职业化建设。组织机构扁平化是知识经济时代独具特色的组织创新,它具有以下特征:一是纵向管理层次简化精练,缩短了管理路径,节约了管理成本;二是横向管理幅度增宽,拓宽了管理信道,提高了管理效率;三是信息传递效率提高,适应变化能力增强,资源和权力侧重于基层,决策和执行的效率显著提高,能够更好地打造经营团队、造就管理专家。

对于高校而言,学分制的实施、传统班级概念的逐步消失、学生活动离散化的特征等现实状况使得传统的思想政治教育工作体系难以继续发挥有效作用,有必要构筑新的符合当前高校特点的大学生思想政治教育工作体系。目前,高校中党委组织部、宣传部、学生工作部、共青团、后勤管理部门、安全保卫部门等均涉及大学生思想政治教育工作,再加上各个学院(系)党团组织,这种"横向多元、纵向多头"的管理方式逐渐显露出其低效性的弊端。只有将现有的涉及大学生思想政治教育的各个部门职能进行分化整合,成立由学校党政班子直接牵头管理的按照功能划分的各个中心,如学生管理中心、贫困生资助中心、学业督导中心和就业指导中心等,建立起大学生思想政治教育的扁平化工作体系,才能够在很大程度上提高思想政治教育的效率。

(3)搭建大学生思想政治教育的多元化、信息化工作平台。随着网络信息技术的不断普及,大学生思想政治教育工作的方式方法也面临着变革。如何利用现代化网络信息手段,更快捷、高效地开展学生工作值得认真思考。多元化信息平台的建设要做到以下五个方面:一是信息数字化,把大学生思想政治教育的相关信息转换成为数字化形式进行整理和运用;二是流程数字化,用网络技术代替传统的大学生思想政治教育渠道和方式,借助信息化管理平台做好大学生思想政治教育工作;三是办公自动化,改变传统办公模式,用网络信息化的方式开展工作;四是沟通交互化,利用网络信息化办公实现信息瞬时直达,进而实现学校各部门和学院的资源共享、形成合力;五是引导个性化,即通过信息技术实现对学生的个性引导,促使其按照自我的个性选择和成才愿望实现人生理想。多元化、信息化的工作平台可以极大地提高思想政治教育工作的效率,更易于站在信息化前沿的大学生所接受。

五、大学生思想政治教育新模式的评价反馈机制创建

大学生思想政治教育效果的好坏,直接关系高等教育人才培养质量的高低,更加关系到中华民族伟大复兴“中国梦”的实现与否以及中国特色社会主义事业的成败,因此是关系到党和国家发展兴衰的大事。大学生思想政治教育工作应该作为评估考核高校办学质量和办学水平的重要指标,纳入到高校教育评估体系当中。然而,当前并非形成对大学生思想政治教育的系统的、有效的评价反馈机制,从而使大学生思想政治教育没有形成闭环的状态,不利于大学生思想政治教育的有效开展。因此,创建大学生思想政治教育评价反馈机制不仅有助于提升大学生思想政治教育的科学化水平,增强育人的实效性,而且是创新大学生思想政治教育模式的必经之路。

(一)评价反馈的原则和指标

1.评价反馈的原则

对大学生思想政治教育过程与最终效果进行评价和反馈需要遵循以下原则。

(1)评价反馈的进行需要以大学生思想政治教育的培养目标为导向,旨在考察、评价与反馈大学生在特定思想政治教育模式下思想和行为所表现出的变化与作为“政、德、智、体、美、群、情、事、灵、续”等诸方面全面可持发展的个体之间的距离,以及作为社会主义事业建设和接班人的合格程度。因此,大学生思想政治教育的评价反馈必须对大学生的培养目标具有导向性,既要体现党和国家对人才发展的要求,又要兼顾大学生的发展,从而有助于大学生自觉主动地开展思想政治教育的自我教育,提高教育的实效性。

(2)评价反馈过程要体现科学性。如前所述,思想政治教育涉及培养社会主义事业合格建设者和可靠接班人的大事,只有采取科学的评价反馈手段,才能保证思想政治教育的培养过程和最终效果真实反映大学生思想政治教育模式运行的实际情况,评价反馈才有价值,否则也只是将评价反馈流于形式。

(3)评价反馈结果要体现全面性,即评价反馈结果需要反映大学生思想政治教育的整体,而不能以偏概全,从而不利于客观的审视评价反馈结果。

(4)评价反馈机制的创建必须兼顾过程性评价反馈与后置性评价反馈,在这两种评价反馈形式互补作用的过程中更好地发挥大学生思想政治教育评价反馈机制的导向、诊断与调整等功能。

2.评价反馈指标

大学生思想政治教育的评价和反馈必须要以其培养目标为导向,不仅要体现评价反馈主体的利益需求,而且还要依据教育对象的发展需求和理想追求。

(1)体现党和国家的教育方针要求,满足党和国家对大学生进行思想政治教育的总体目标要求,即衡量大学生对社会主义祖国的热爱程度,对中国共产党的拥护程度,对献身中国特色社会主义伟大事业的坚定程度等。具体评价反馈指标包括大学生的爱国情感、政治态度、政治理论水平、道德品质、价值取向、法治观念、时代意识和社会责任感。

(2)体现大学生作为主体的人的理想追求和发展方向,包括身体素质、心理素质、自主学习能力、思维方式、审美观点、面对和战胜挫折的能力、团队合作能力、人际交往能力与社会适应能力。

(二)评价反馈机制的含义与机制创建的基本环节

所谓机制,原意是指机器的构造及其运行原理,而后来发展为特指系统各构成要素及彼此之间的相互作用。从这一意义上来说,评价反馈机制则是指针对构成评价反馈的各个要素之间相互协调,彼此制约、共同作用的动态形式,既包括预测判断的前置性评价反馈机制,又包括中期的过程性评价反馈机制,还包括针对实施结果的后置性评价反馈机制。讨论大学生思想政治教育评价反馈机制的创建问题,主要倾向于过程评价反馈机制与后置性的评价反馈机制,是指在大学生思想政治教育过程中以及结束之后,根据大学生思想水平、道德修养、政治素质等层面表现出的思想和行为的变化,对大学生思想政治教育的运行情况及最终效果进行反馈式的考察和评价,在对照相应的预期目标基础上,判断大学生思想政治教育的实效性,并通过这一过程检验大学生思想政治教育模式完善与否,从而对于不完善的部分提供调整的依据,使大学生思想政治教育效果越来越接近于预期目标。

第三章 大数据时代大学生道德教育的指导思想与教育方法

当代道德特点表现为道德是动态发展的行为规范,是人的行为属性;道德应促进社会和个人的共同发展,道德的实现需要社会和个人的共同努力。本章围绕大数据时代大学生道德教育的指导思想与教育方法,对大数据时代的大学生道德教育指导思想、道德教育基本原则及道德教育方法进行论述。

第一节 大数据时代的大学生道德教育基本原则

大数据时代,网络社会已经成为大学生的另一生存空间,在这里,他们的活动方式往往因数字化而表现出了"非人性"的特征,所以其道德的运行方式、评价机制等都与现实社会有一定的区别,因此必须以马克思主义中国时代化最新战果为指导,将中国传统优秀的道德教育思想和文化与国外道德教育思想和文化的精华进行融合,以其特殊性为基础来寻求一些新的道德教育的基本原则,形成大学生道德教育的合力,不断推进大数据时代大学生道德教育的发展。

一、坚持主导性原则

大数据时代大学生道德教育的主导性原则就是要保证我国政治、中国特色社会主义文化和社会主义核心价值体系成为大学生道德教育的主要方向、重要方面和工作重点。

1. 坚持国家政治主导

政治为国家利益和阶级服务,其对国家社会的发展方向起到引导及选择作用,充分发挥政治秩序、导向及规范特性,尤其身处大数据时代,以中国共产党为政治主导,既顺应大数据趋势,又遵循一党执政的理念。

道德教育在大数据时代,需要以我国社会发展方向为主导,也就是以党的领导为核心,让经济在政治引领下,朝着正确的方向发展。大学生群体应当以中国化的马克思主义理论武装自己,学校的道德教育应遵循国家大局,让大学生的行为沿着中国特色社会主义发展方向前进,其中大学生的思想道德建设,从理念上坚守社会主义和共产主义理想信念,秉持道路自信、制度自信、理论自信、文化自信,更好地服务党和人民,让自身的政治信仰、思想及行动始终围绕在党中央周围。

目前的市场化、信息化逐渐对我国的社会发展造成强烈冲击,信息不断增多,并且日渐表现出差异性,因此呈现出意识多样化趋势。在对大学生进行道德教育过程中,不管是现实社会或是网络社会,都需要按照时代特征以及实际情况来开展马克思主义的教育,将这种意识形态对中国产生的价值和意义全都展示给大家。这样就可以让大学生学会在面对网络社会造成的经济、民生等一系列问题时,能够利用马克思主义的观点和方法来进行理解和分析。首先要做的就是建设宣传马克思主义所需的场地,完善制定有关政策、法律,这样就可以使网络环境能够以健康的状态发展下去。对科技发展也要更加重视,不仅可以促进信息发展,还能够提升网络技术。充分将导向作用发挥出来,要以国家利益为重点,将网络社会往更加积极的方向上指引,创造出良好的网络环境,并且利用主流意识适当地去指导大学生,让他们能够有一个正确的价值观。

2. 坚持中国特色社会主义文化主导

文化是一个民族政治、经济在观念形态方面的集中反映,已经渗透各民族发展过程中。国家与国家间的竞争日趋激烈,文化效用不容小觑。如今经济已经进入多元化,各国同处于发展转型期,各种思想文化正在进行新一轮交锋。中国特色社会主义理论,已经出现明显优势,尤其面对如今复杂的情势,处于社会转型期的中国,要确保社会及网络社会的发展方向,推动先进网络文化发展,激发主流网络文化。

中华民族文化的形成,主要是在漫长的历史发展中,将各个民族以及地区的文化进行了整合。经过改革开放之后,形成了一个新的历史背景,并且在这种背景下对党的文化建设进行了推动,从而形成了新的文化发展和繁荣。先进文化牵引着社会主义文化的发展,它的主要任务就是将核心价值创造出来,所采用的方针就是大力发展科学文化,所采用的指标就是要以人为本,发展动力就是不断地进行改革和创新,并且在进行创新的道路上,都是采用博采众长的方式。一个国家能力的体现之一就在于文化,如果国家具备了很强的文化,那么对于这个国家来说,就有着一样强大的能力,只有这样才可以使国家发展,使国家跟上现代的步伐,国家的文化强大也意味着国际地位的提高。

当今中国,多元文化出现了诸多问题,尤其与网络文化产生激烈的冲突。因此,处于大数据时代的道德教育,必然要以中国特色文化为主导,整合并吸收多元文化中的营养成分,摒弃失去活力的旧文化,积极引进具有创新基因的外来文化,不断完善和丰富中国特色社会主义文化的内容。

3. 坚持社会主义核心价值体系主导

社会主义核心价值体系是马克思主义理论中国化的理论创新,涵盖社会风尚、精神实质、理想信念及思想理论等价值,给大学生提供了有关价值取向、道德选择及行为得失等方面的基本规范,满足社会主义富强、民主、文明、和谐的发展要求。

大学道德教育,在大数据时代需要坚持新时代下的价值观和价值取向,其中社会主义核心价值体系依然是大学生全面发展所要遵守的,尤其在网络时代,更应将其视为行为方向的正确引导,大学生应当将这种统领性、方向性及整体性的核心思想体系作为主导,接受网络文化,从而规范自身,做新时代的优秀青年。

处于开放多元的大数据时代,给大学生提供了更多的选择自由,然而,这种自由也要做到节制有度,尤其在中国特色社会主义发展中,大学生作为一个兼具理想和现实的人群,不论从主观还是客观,都存在着差异。因此,在大学生道德教育方面,应当立足其现实性,从其价值观和实现方式方面进行研究,兼顾主导认识和多样化认识,从两个层面开展道德教育,从而达到物质利益和精神动力、德行与智能、道德理想与事业理想及政治理想等有机融合。

二、坚持包容性原则

文化需要包容,尤其在信息全球化的当今,大学生道德教育更应合理汲取传统文化中的营养成分,摒弃西方优秀道德理论中的消极因素,做到继承发展和创新。

1. 传统优秀道德教育思想的继承和创新

中国民族精神的核心思想是中国上千年积累下的传统伦理道德,长期对人们的思想及行为造成深远影响。

我国古代,伦理道德是教育的核心,被人们所重视。古代的教育思想将道德、教育作为核心的教育思想,当时的教育者从大量研究道德理论及实践经验中,挖掘出道德教育的优良思想,摒弃陈旧理论,为后来大学生道德教育提供了可供参考的理论依据。

道德教育需要现代人加以重视。"齐之以礼"的思想被荀子进行了不断发展,荀子针对这种思想还指出了"礼治"这一观点。他觉得不管是个人还是国家,都要将"礼"作为道德教育当中的重点。汉代以后,中央集权制度开始逐渐形成,同时,将道德教育逐渐进行了深化,还完善了教育实践的各个方面。

我国古代就有着极其丰富的教育经验以及方法,例如将学校、家庭以及社会之间的教育密切联系起来,使自我修养和实际锻炼彼此之间互补。经过长时间的经验总结,古人得出了非常珍贵的教育经验,并且有着非常重要的影响和意义,需要运用马克思主义观点进行总结,在现代道德教育实践中予以借鉴。

2. 西方优秀道德教育思想的借鉴

道德教育理论发展过程,实质是哲学思想的更迭过程。世界上各个国家,在不同时代,采用自身的哲学思想对道德教育理论进行了不同程度的探索,从而给各个国家、各民族提供了可供借鉴的道德教育思想。在西方,古希腊、古罗马为西方道德教育理论的发源地,后来发展至文艺复兴时期,有效推动了西方德育理论的发展。受到资产阶级工业革命影响,道德教育理论被更多的教育家探究,这个时期,具有代表性的道德教育经典理论、各大教育流派的教育思想等,都为后来道德教育的发展提供了可供借鉴的基础。

三、坚持合力性原则

处于大数据时代的道德教育,需有机结合学校、家庭、社会及网络四方教育关系,有效发挥各自优势,打造新时代新型教育模式。

(一)社会、学校与家庭的合力

在现实和网络两种文化语境中,道德教育体现出文化的多样性,尤其在社会、学校、家庭及网络四种环境中,其教育理念必然出现内容、模式、方式方法等不同特性,促使四者发挥各自优势,相互融合,共同促进,有效开展新时代大学生道德教育。

1. 社会道德教育是大学生道德教育的"大环境"

社会正能量集合了社会道德和网络力量,借助平板电脑、手机等移动终端进行网络传播,从而引导舆论。大学生道德教育受到网络主体的影响较大,而网络正能量在社会主义核心价值观、马克思主义网络阵地等方面得到充分展示,有利于大学生的道德教育。正能量是无边界的,不分国界、种族,其作为向上的能量,影响着人们的价值观,帮助人们对社会、家庭及国家产生美好的期待。

教育者借助信息化平台对收据收集及分析整理,将大学生的学习行为及成长过程,通过结构性及非结构性数据分析得出,从而便于教育者使用相关教学方法开展道德、教学,最终有效提升大学生道德教育效果。因此,充分结合网络道德教育和社会道德教育,有利于网络公民教育朝着良性的方向发展。

2. 学校道德教育是大学生道德教育的"主阵地"

大数据时代,基于学生的真实需求,并以提高学生的道德素质为目标,从而更好地开展大学道德教育。因此,学校将学生及社会事实作为教学依据,创造良好的道德教育氛围;道德教育在大数据时代,需要满足新的教育需求,保持学生遵规守纪的良好素养,从而将其培养成符合网络社会及现实社会发展需求的良好公民。因此,学生的道德教育重点培养方向是学生的互联网公共精神及意识。

此外,注重大学生的日常生活,是大学生道德教育的基础。道德素养与学生的日常生活密切相关,在培养大学生的道德教育时,要以学生为主体,让学生和教师及学生和学生之间形成良好互动,从而激发教育活力。为提高学生参与道德建设的积极主动性,可广泛收集学生的见解,将学生作为主体,让其主动选择或设定道德教育方案、方式及内容,更加激发其自觉、自主、自愿地参与活动积极性,促进道德教育高校实施。

步入大数据时代,高校中教育工作都倾向于信息化建设,比如数字校园、校园网及教育信息化等建设模式,具体来讲包括一对一的"E课堂""翻转课堂"开展的教学研究、"微课程"的开发、"数字化学习"试点学校的设立等具体案例,各方面的信息化服务平台得到很好发展。

各个高校之中的各科教师、主要做学生工作的人员、党政机关各部门负责人等,都有对学生进行道德教育的责任和义务。尤其是面对数据时代的来临,对于所有教育者来说,大数据为他们带来了新一批的竞争对手,并且在大数据高速更新的硬件、软件智能化设备之下,这种技术浪潮已经不可避免地推动了时代的革新,转变已经出现在各位教育者面前。因此,所有的教育者都需要注意,新的信息技术能够在学生的道德行为以及认知等很多方面造成影响,这就需要我们从教育的核心进行根本性的转变和革新。目前各个高校已经通过长期的学习积累,留下了非常多的结构性数据,还有非结构性的数据,这让道德学习的轨迹有迹可循,清晰地展现在了各位教育者的面前。并且可以预见的是,未来为了更有针对性地提高道德教育学科的成效,教育者们可以使用这些记录数据,制定适合的教育方法和内容,实现更高效的教育。

3. 家庭道德教育是大学生道德教育的基础

家庭是孩子的第一个课堂,是最为基础的教育组织机构。因此,一个家庭优良的教育,有助于培养学生良好的道德素养。学生有三分之一的时间在家庭教育中成长,家庭给学生一个基本的教育起点,给学生提供最天然、最真挚的先天教育优势。因此,家庭的教育作用非常重要,这需要家长积极改变教育环境,尤其是在大数据时代,更应该熟悉网络,从中获取新的知识,增强学习能力,给孩子做好道德榜样,正确引导并激励孩子养成正确的价值观。

在大数据极大发展的时代,全球化、信息化、知识化的新浪潮,对家长提出了更高要求,为了应对新时代下的挑战,家长应该拥有美好的道德品质、高尚的品德情操以及良好的心理素质和文化修养,并且还要及时顺应时代潮流,学习网络技术和知识,这不但能够为孩子的健康成长带来保障,更能对家庭的和睦带来正向影响,家长要承担培养大数据信息时代人才的责任,也需要通过不断学习来完善提升自己。

互联网在信息时代,对家长一直以来的权威性造成巨大挑战,有的家长对网络知之甚少,这就使得家长难以与孩子进行沟通,对于家庭的教育更是有极大负面影响,如果不能有的放矢对孩子加以正确引导,那么家庭教育就无从谈起。家庭教育也要随着信息社会的发展而进步和改革,让所有家庭教育结合时代进行有时代特点的改变与革新,从而正确地引导学生对于网络上道德观、价值观、正义观等的自我判断,也增强自己网络上的自我调控能力,也能保护自己的利益,引导他们拥有更好的、更高尚的道德习惯。

(二)虚拟世界与现实世界的合力

虚拟与现实这一对相互对照的词语各有不同解释。虚拟是用网络数字化世界中的形式进行超越和反应,而现实是客观存在的,于是事物之间的联系都包括社会、自然以及人与人之间的联系活动。

在虚实两者之间的网络世界中,实现对高校学生道德教育学科教学的合力。网络世界是虚拟存在的,人们以昵称、ID、数字、邮箱等虚拟称号来作为身份的识别,但是同时网络主体都是生存在现实社会之中的人,因此他们也具有现实性。在虚拟的网络世界之中,活动也要受到现实制约,因为这与他们实际生活有千丝万缕的关系,所以对于这个虚拟世界之中最重要的主体——大学生群体来说,网络世界既有现实性又有虚拟性。

网络世界之中也有主体客体之分,其中客体主要是指在网络世界之中任何网络活动的受动一方,因为其本身是通过虚拟数字化信息存在的,但这些信息也是现实的:第一,网络世界中的消费主体和生产主体来源于现实;第二,网络世界之中最大的信息也大多来源于现实;第三,网络世界之中的信息,在流动传递之后大多也流向了现实世界;第四,网络社会是为现实服务的。受动方同时也有现实性和虚拟性,这与网络世界的主体一致,是现实的人在虚拟网络之中的符号化体现。

网络社会、技术和文化世界都分别具有现实性与虚拟性。第一,最重要的手段与方法是技术,技术可以满足人类的社会需要,并且可以依靠对于自然规律、物质、网络、信息的创造与运用对自然系统进行人工改造。支持虚拟网络的计算机、通信、电子、网络技术等变化,都会随着社会发展而不断变化,但不变的是网络世界的虚拟化。人类在不断完善技术的同时,技术也会限制和规范人类行为。第二,网络世界是有情感性和思想性的不同的思想也会带着非常强烈的个人色彩,满意的、高兴的、反对的、赞成的、愿意交流的、愿意沉默的、保持冷静的、喜欢狂热的都是根据自己的生活兴趣和爱好决定的。

　　总的来说,在网络世界之中,虚拟和现实两者对于大学生应该有的道德教育合力非常重要,在信息技术飞速发展的时代,只有更好地把握虚拟现实两者之间的关系,更好地把教育的方法结合时代的发展规律,让虚拟性和数字化模式充分调动学生们的自主性和能动性,可以使他们的综合能力得到极大提高。并且通过网络世界之中的虚拟实践,让更为复杂多样、具有发展的道德内容展现出来,让教育者首先意识到虚拟与现实的关系,并让道德教育对学生们产生人生指导作用。并让教育者也同时认识到所有的网络问题终究脱离不了现实社会。因此,教育者在教学过程之中,不仅仅要对网络进行研究,也必须要挖掘学生之中出现的各种网络上涉及道德的问题,以及这些问题的现实根源和背景,只有先解决现实问题,才能营造出更健康的网络环境,也能让道德、品质往更好的方向发展。

　　总的来说,互联网时代大学生道德教育工作的开展,必须深刻理解现实世界与虚拟世界的相互关系。二者之间的差异性要求高校必须重视大学生道德教育在网络环境下的特殊性,二者之间的同一性要求高校必须重视道德教育在现实世界和虚拟世界的连续共性与断裂个性,二者之间对立性要求高校必须运用新的方式和方法开展大学生德育工作,针对互联网时代大学生道德教育中暴露出的新问题,展现出的新特点,做到有的放矢,具体问题具体分析,二者之间的统一性要求高校在开展大学生德育工作过程中,必须善于从现实世界分析网络道德问题,找准解决各种道德问题的根源与策略。

第二节　大数据时代加强大学生网络道德教育的必要性

　　2018 年,中国互联网络信息中心(China Internet Network Information Center,CNNIC)发布第 43 次《中国互联网络发展状况统计报告》。报告显示,截至 2020 年 12 月,我国网民规模达 8.29 亿,全年新增网民 5 653 万,互联网普及率为 59.6%,较 2017 年底提升 3.8 个百分点。用电脑上网的人群正在减少,手机网民持续增加,我国手机网民规模达 8.17 亿,网民通过手机接入互联网的比例高达 98.6%;使用台式电脑上网的比例为 48.0%,较 2017 年底下降 5 个百分点。

　　我国网民以青少年、青年和中年群体为主。截至 2020 年,10～39 岁群体占总体网民的 70.8%。其中 20～29 岁年龄段的网民占比最高,达 27.9%;10～19 岁、30～39 岁群体占比分别为 18.2%、24.7%,与 2017 年末基本保持一致。30～49 岁中年网民群体占比由 2017 年末的 36.7%扩大至 39.9%,互联网在中年人群中的渗透加强。

　　以上数据说明了一个问题,虽然目前的发展趋势,网络使用者呈现出越来越低龄化的特征,但由于低龄化用户始终受到其监护人的约束,无论是在用网时间或选择用网内容方面。用网时间自由且不受约束的大学生用户,仍然是网络群体中最为庞大的一群,又因为长时间沉浸网络与不受约束,大学生易受到网络各种信息影响。因此,关注大学生用网道德教育,成为高校开展德育教育的重要组成内容之一。

　　随着高校信息化建设深化发展,学生能够利用的网络资源也越来越多,从最初校园限制网络速度、网络流量的时代逐步过渡到速度不限、流量不限的现在,从单一电脑客户端网络丰富到客户端网络移动网络并行的时代,网络早已经深深烙印进大学生的生活,也对大学生的生活方式、学习方式、思维方式等产生了无可比拟的影响。但是不得不引起学校和社会警惕的是,网络在为大学生的生活带来更多便利、精神生活带来更多内容的同时,网络内容也混装了很多糟粕性的信息,大学生在接收这些糟粕性信息之后,影响了道德观念和行为方式,为自己和他人带来严重的不良后果。因此,加强大学生网络道德教育,帮助大学生甄别信息并养成正确的道德观和行为方式,已经到了迫在眉睫的地步。

1. 提升大学生网络道德素养的必要性

大学生与网络的结合是一种必然。大学生的某些特质与网络的某些特点,达到了一种完美的结合。例如,网络具有开放性、专业性、多样性、交互性特点,这些特点的熟识和熟练应用,需要操作者具备一定的知识水平,而大学生正好具备这类知识水平。大学生本身的某些特质也是其更容易与网络产生密切关系的原因所在。大学生正处于对任何事物都好奇而且能够通过自身了解找到答案的年纪,互联网的适时出现满足了大学生的这种需求。因此,基数的不断扩大,大学生群体在网络中受到不良影响的概率也越来越大,大学生受网络不良信息影响的案例越来越多。学校对于大学生网络安全的教育也越来越重视。所谓大学生网络教育,指在一定思想理论指导下,遵从教育的基本规律,系统地为大学生量身打造预防糟粕性信息侵蚀的教育方案,并使其内化为学生自身的一种道德约束,自觉抵制不良信息的侵蚀。

网络不同于其他传播媒介,其具有自身所独有的特点。在网络中,由某一个角落发出的信息可以瞬间传遍整个地球,而非像书籍、广播等传统媒介受制于地域和地域上国家、地区等。作为大学生,大学是人生中最重要的阶段,人生观、价值观在这个阶段形成。但这个阶段又处于分辨能力较差、抵制不良信息能力较差的阶段,大量不良信息都会对大学生的观念造成巨大冲击。

网络与其他媒介不同的是其虚拟性。一些大学生不断沉迷于网络世界不能自拔。一个典型的案例是网络游戏的发展,很多自制能力较差的大学生将时间和金钱投入其中,甚至不惜荒废学业。网络的虚拟性还扭曲了现实中某些事情的认定,很多大学生沉迷于虚拟世界,一旦分不清虚拟与现实,很容易在现实中造成不可预料的后果。此外,大学生的交际能力受到沉迷网络世界的影响。由此可知,提升大学生的网络道德素养以及加强网络道德教育是非常必要的。

2. 完善网络环境的必要性

网络本身作为一种现代技术是无对错之分的。但因为固有特点,造成了积极或者消极的影响。积极的影响在于大学生可以通过网络,丰富自身的知识体系,开阔视野,不断提升自己。

网络道德教育不能满足于走过场或者"填鸭式"的教育方式,而是要真正在实践中贯彻。实践出真知,只有在实践中教会学生如何辨别信息,如何抵制不良信息,才能够使学生真正领悟。网络教育的主体客体之间的联系,不能只是理论的说教而更应该是身临其境的传授,即注重网络环境。

网络没有优劣之分,但网络环境却有。大学生身处健康的网络环境中时,会对社会更加积极乐观;身处不良网络环境中,会不断受到负面信息的影响,对人生、对社会做出悲观的评价。

高校将网络道德教育纳入学校教育体系,不断推动网络环境的改善。如同任何事物的发展都离不开周围环境的影响,大学生的网络道德水平也必受限于网络环境的优劣。

网络时代,学校的职责之一是创建一个良好的网络环境,使学生能够在此环境中达到潜移默化的正向教育。我国大部分高校已经重视网络环境的建设,很多高校创立了红色网站,通过各种方式吸引甚至明确要求学生在此网站的规则内进行网络活动。这些措施起到了一定效果,提升了学生的网络道德水平,促进了网络的健康发展。但是,有些措施仍然停留在表面,还需要学校或教师为学生甄别出信息的优劣。学生自身的甄别能力需要不断提高。根据木桶理论,学生自身甄别能力为短板,则必须加强这方面的能力建设,通过网络教育,提升学生的网络道德水平。

3. 构建大学和谐校园的必要性

构建和谐社会的一个重要方面,是构建和谐校园。和谐校园指教师与学生等教育主体之间能够和谐平等相处,各项教育设施在内的教育环境和谐发展。教师与学生是教育本身所具有的两个重要组成部分。教师作为网络道德教育的教育者,其自身素质和能力是衡量这门课程质量的关键因素。高校教育者首先要对网络做到了解,并且能够对其有独到且正确的认识,能够设身处地理解网络中的各种新鲜事物,并体会学生在网络中可能遇到的各种状态。教育者的教育方法应该随着时代变化而变得更加与时俱进,用网络教授网络知识,而不是用书本教授网络知识。但是,大学生网络道德教育仍然陷入"填鸭式"的教育中日复一日地讲授枯燥的内容,完全不能引起学生的学习兴趣。和谐校园的构建在这里体现的并不明显,仍然需要从观念到行动上大幅度地改进。

大学生对于网络的依赖性,使得学生对于社会生活的参与程度过于弱化,人际关系与人际交往能力出现了问题。这些问题都为和谐校园、和谐社会的构建增加了不利因素。因为网络的某些负面影响已经持续了一段时间,大学生的网络道德评价已经受到影响,客观地反映出大学生素养的下降。网络的便捷性与开放性本应该成为学生在学习工作生活中的得力助手,但现实中却往往呈现出与期望相反的场景,很多学生误用或者滥用这种便捷性与开放性。加强大学生网络道德教育已经刻不容缓。高校应该抓住机会,努力营造一种健康积极向上的网络氛围,在教师积极引导下,学生快乐学习的基础上,达到培养大学生网络道德教育的目的。

第三节　大学生网络道德教育的现状与问题分析

网络在带给大学生学习、生活、思想上影响的同时,也影响了高校的大学生道德教育工作。网络是一把"双刃剑",它的产生既为高校德育工作提供了新途径、新方法、新手段,也给大学生道德教育带来了严峻的挑战,使网络道德教育逐渐成为一个不容忽视的课题。

所谓网络道德,就是网络社会中的社会公德,是指在虚拟的"网络社会"中,专门调节人与人、人与社会之间的特殊利益关系的道德价值观念和行为规范。高校网络道德教育是针对大学生网络生活中的问题进行规范与引导,并在这个过程中彰显其价值。

一、网络道德教育取得的成绩

大学生网络道德教育伴随着网络的产生而开始,在学校、家庭和社会的共同努力下取得了一定的成绩。

1. 在传统道德教育方面

网络社会与现实社会有着根本不同,除了人们的生活行为存在很大差异,其道德规范也大相径庭。由于本身的特性,网络社会被人们称为虚拟社会,在这个虚拟的网络社会中,网络社会与现实社会虽然可以同时存在,却不能直接发现人们的任何基本信息。既然现实社会下产生了网络社会,那么,关于大学生的伦理道德教育应该开辟新的领域,网络道德作为一项新内容,也必须加入大学生道德教育行列。

在网络社会形成过程中,大学生原有的价值观念和行为规范受到冲击,学生群体中甚至出现了道德失范的现象,对建立正确的大学生形象产生了极差影响。高校是大学生接受道德教育的主要阵地,当面临网络社会带来的新问题时,高校 理应通过深入了解网络发展状态,及时掌握大学生道德素质受影响的具体情况,并积极主动地开展大学生网络德育教育工作,有针对性地把网络道德教育提升到高校道德教育的重点工作层面。

当前,高校道德教育克服了传统道德教育的不足,赋予了其新的内容。中国互联网协会在 2006 年发布《文明上网自律公约》,号召互联网从业者和广大网民从自身做起,在以积极态度促进互联网健康发展的同时,承担起应负的社会责任,始终把国家和公众利益放在首位,坚持文明办网,文明上网。

随着网络的普及,高校道德教育也增加了网络道德教育的新内容,注重加强大学生对网络信息的主体选择性的教育和培养。高校网络道德教育主要是以开设思想政治课为主渠道,引导大学生树立正确的网络道德意识,给大学生灌输网络文明公约,规范大学生网络道德行为。

2. 在高校道德教育的效率方面

在高校教育工作中,传统的道德教育主要依靠教师的说教形式,由于教师始终占据着主导地位,忽视了学生接受道德教育的程度。因为学生的学习只是为了应付考试,并没有积极主动地接受道德教育,所以这种被动的教育方法并没有获得理想的教育效果,也没有实现德育的最终目标。

然而,网络具备更加广阔的空间,并且可以为高校道德教育工作提供丰富的资源,教育工作者不仅可以利用网络快速地查阅各种信息,也可以及时了解更多的新动态,借助学习到的新教育方法,有计划地开展教育活动,以便更好地开展教育活动和顺利地完成教育目标,对于开展大学生网络道德教育发挥积极作用。为了提高学生自身的网络道德意识,教育工作者可以把网络上的人物事迹和生活片段贯穿道德教育的相关内容中,通过开展网络知识竞赛和问答游戏对抗等活动,可以正确引导大学生的网络道德行为,使大学生的校园文化生活变得更加丰富多彩。

在新时代,高校应该宣扬新的道德模范,借助榜样的精神创建积极向上的校园氛围,以此开发全新的校园网络环境,并鼓励大学生积极与教师在网络上进行讨论和交流。通过网上的互动,教师要及时掌握学生的思想动态和存在的道德问题,更好地开展有针对性地道德教育活动。另外,学校可以利用多媒体技术建立自己的电子公告牌系统(Bulletin Board System, BBS),让每一项道德教育活动都能符合学生的学习诉求。因为这些先进的网络教育手段不仅可以有效地提高每个教育工作者的工作效率,而且能够推动大学生的个性发展,为高校的网络环境提供强大的道德动力。

3. 在大学生网络道德意识方面

在这个快速发展的网络时代,大学生活已经离不开网络,除了查阅学习资料,日常购物、娱乐、交友等社会活动,都可以利用网络实现。因此,理性处理网络信息等问题,应该引起高校的足够重视,以确保学生的道德责任感和网络道德意识朝着积极的方向发展。为了正确引导学生趋利避害,高校应该根据大学生的学习需求,调整原有的教学大纲,通过传授实际的网络道德知识,开展大学生网络道德教育的相关工作。

在丰富的网络信息面前,学生可能难以辨别事情的真伪,由于对网络道德问题缺乏清晰的认识,导致出现许多网络道德问题。为此,学校应引导学生正确利用网络,不断培养学生辨析网络信息的能力,并提醒他们要自觉地抵制不良信息,再遇到网络道德方面的问题,就能够迎刃而解。因为网络可以提供新闻、娱乐、学科知识等信息,并且这些信息更加生动多彩,所以会引起大学生的学习兴趣。那么,高校可以利用网络优势,唤起大学生的主体自律意识,通过不断开展网络道德教育,加强大学生的网络道德意识,以及增强大学生的社会责任感。同时,利用网络把枯燥的书本理论变成容易被大学生所接受的道德教育活动,以此提高他们参与学习的积极性和主动性,甚至培养大学生更多的爱好和发掘出更强的学习潜能。

透过高校网络道德教育所取得的成绩可以发现,正确认识和利用网络能够有效提高大学生的道德素质和水平。因此,高校应该积极转变教育观念,在大学生的道德教育工作中,充分发挥网络优势。

二、网络道德教育存在的问题

当前教育已经掌握了大学生网络道德教育所拥有的优势,但是更应该看到目前高校网络道德教育仍然存在很多不足。既然已经发现了问题,那么应该深入探讨大学生网络道德教育的缺陷,只有积极解决问题,才能更好地指导高校顺利开展网络道德教育相关工作。高校网络道德教育存在的问题,主要体现在以下三个方面。

1. 德育目标缺乏针对性

网络社会的发展会出现各种道德问题,因此网络道德教育由此而生,对网络道德问题进行规范和要求,至于其应该规范哪些道德行为或要求,以及和传统道德规范之间有着怎样的联系等问题,目前还在摸索阶段。

从理论角度来说,高校制定德育目标应该以党和国家的要求为基础和前提,才能推动社会主义现代化建设,适应国内网络发展要求,并有利于增强网络道德规范,使得网络传播更加规范和文明,让大学生网民能够自觉遵守网络道德要求,成为社会主义现代化事业的传承人。虽然,网络道德教育主要针对的是大学生网民,但实际上却没有将培养大学生网民作为具体的目标,在认识上还不够深刻和详尽,对大学生的基本道德观念、价值观念、自主选择都没有应有的重视。在制定目标时,只针对一般性规范,而忽视了大学生个性化特征,对学生在道德水准上的差异也重视不够,必然会造成大学生的发展和网络道德教育目标产生冲突,甚至背道而驰,让高校网络道德教育目标难以顺利完成。

很多高校受自身条件影响,在网络道德教育方面还比较不足,有些高校的网络道德教育活动也停留在形式方面,没有深入仔细关注大学生所面临的实际网络道德问题,所开展的教育没有体现出针对性和目标性。受传统教育理念影响,知识的传授还是高校的主要教育目标,对网络技术的传授和运用,一直是高校的主要目标,而对网络道德问题的关注往往不够,不利于学生形成良好的网络道德习惯,对其网络道德水平的提高也产生了重大制约。网络的便捷性也使得其出现了大量的负面能量,是导致大学生对网络道德教育认识不足的一个重要原因,网络的不道德行为没有得到及时纠正和教育。

2. 德育教育脱离实际

社会发展的要求和被教育者的道德水平,制约道德教育的内容和手段。这是对道德教育性质的很好体现,并保证道德教育任务得以顺利完成。将被教育者的个体差异和道德教育的内容相结合,根据实际需要进行运用,不但可以加强道德教育的实用性,还能够有效提高被教育者的整体素养。

网络道德教育是基于网络社会而产生,因此教育内容需要体现网络社会的实际情况,并要从大学生的思想道德需求出发,才能高效地完成网络道德教育目标。弘扬马克思列宁主义、社会主义核心价值观以及科学发展观等,是网络道德教育不可或缺的重要内容,并要倡导集体观念、科学观念,将中国的优秀民族文化和传统道德观念进行传扬和升华。

具体来讲,网络道德教育对道德观念和道德行为,对学生的网络行为会产生重要影响。很多高校在课程中专门开设了网络道德教育课程,以此提高学生对网络工具的正确合理使用,自觉规范网络行为,防止过分沉溺网络而脱离现实生活。

尽管如此,高校的网络道德教育内容还存在不足之处,比如对内容的设计体现出形式重于实际的趋势,对学生获取网络知识信息的重视度较高,并笼统地对学生进行规定,却在学生遇到具体的网络不良行为时,没有及时纠正和引导。在养成学生良好的上网习惯、进行文明网络行为方面没有引起足够重视,对学生辨别网络信息的真假和网络行为自律性的培养都有欠缺,让学生产生不良的厌烦心理。加之网络道德教育的内容跟不上学生的发展需求,也让高校的网络教育问题迟迟得不到解决。

3. 德育方式相对单一

高校德育工作应该抓住网络发展这一重要机会,对大学生进行道德教育,可以利用网络的便捷性,通过对网络道德教育的方法和手段进行分析,拓展网络道德教育的渠道,展开各种网络形式的道德教育。

现在,高校的校园网建设比较完善,为网络信息服务提供了便捷,表现在以下几点:其一,高校的日常管理、教学和科研活动中都离不开网络的作用,为校园日常工作提供了便捷;其二,网络服务综合了后勤服务、就业指导、心理咨询等功能;其三,网络服务丰富了大学生的课后生活,让大学生可以自由获取想要了解的咨询。通过校园网的建设和不断完善,让大学生的校园生活变得更加丰富多彩,让大学生获取知识和咨询也更加便捷。

高校的道德教育活动在网络的普及和发展下得到质的飞跃,对其发展具有重要的推动作用,提升了大学生的道德教育工作效率,但是要达到预期目标,还有待更进一步发展。很多高校开始重视网络道德教育,比较关注大学生的网络道德水平,可是在实际教学时,却还是以传统的课堂教学和说教方式为主,这种方式很难获得大学生的认可,和大学生的互动不足,常常引起大学生的抵触情绪。德育教育工作方式也是墨守成规,没有符合时代发展的要求,对网络的运用也略显不足,教学方式陈旧没有创新,必然解决不了新时代所出现的新的道德教育问题,造成大学生学习热情不高,无法提升教学效率。

第四节 大学生网络道德教育的主要对策探讨

大学生网络道德教育是高校德育体系中的一个重要构成部分,也是必须引起重视的一个问题。大学生网络道德教育实效性,是指通过以大学生为德育受众的对象,实施网络道德教育行为,来促进社会和谐发展,使网络道德教育实际收效程度和网络道德教育资源投入比例适当平衡,从而保持网络道德教育高效率水平。但是从当前的网络道德教育存在的问题来看,高校网络德育并没有达到预期的效果,众多原因影响了高校网络道德教育的实效性。

一、影响大学生网络道德教育实效性的因素

(一)网络环境差

互联网具备有趣性、生动性、开放性、虚拟性等特性,能够扩大大学生的思想道德教育范畴。网络在消息传递、资源共享方面给学生营造了一个可以畅所欲言的平台,是大学生的主要聚集地,能够调动当代大学生对学习的积极性、主动性和主观性,提升学校教育的教学成果。但是,网络环境也改变了传统的道德教育。网络上的信息具有双面性,不良信息的传播会影响大学生的思想和道德教育,如果长期受到不良信息的侵蚀,大学生很容易养成不良习惯,失去目标,阻碍大学生价值观、人生观和世界观的认知和培养。

网络是一个虚拟的空间,人人都可以在其中进行自由发言,网络也对传统的人际交往产生冲击,特别是在人与人之间的信任关系方面,由于网络的虚拟性,大学生通常将自己生活中不能达到的目标创建在虚拟的网络环境中,以求得在虚拟世界的极大认同感和满足感。这会导致大学生在虚拟和现实中存在巨大落差,不愿意面对现实,长期沉迷于网络,造成严重的心理疾病,影响大学生的健康成长。

(二)教育者对网络道德教育认识不明确

引导大学生建立优秀的道德体系,是高校开展网络道德教育的目的。教师在授课过程中,仍旧没有抓住网络道德教育出现的问题和特性进行教育,也没有改变原有的教学模式,有的教师甚至在网络教育法律法规、网络道德知识方面是匮乏的。由于没有受过专业培训,一部分教师依然坚持传统的教育理念,对新时代的网络道德教育知之甚少,只能凭借自己的经验和经历进行判断。高校网络道德教育还存在内容更新换代慢、教师素质不高的问题,这

些都是不利于大学生发展的。

受限于不同学校的基础设施和教育进度的差异,网络道德教育的开展也存在差异性,教学内容的更新不及时等问题也随之出现。很多学校都能意识到这些问题的存在,但是受限于教师的认知、课程的传统观念、上网出现的系列问题没有及时得到解决、大学生容易受到不良信息的影响等问题,大学生的道德并没有向好的方面发展。在一些高校,网络条件的落后,大学生的判断力较弱,更容易受到不良信息影响,导致网络道德教育无法得到大学生的支持,更无法达到预期的教育效果。

有些学校的教师在面对网络环境时,缺乏对大学生的道德教育,道德教育方面与社会脱节,出现了一系列问题,导致大学生的道德教育不能适应新时代的发展,不能抵挡网络的冲击,阻碍了学生道德教育的发展,滞后于网络发展。这些都阻碍了网络道德教育工作的开展,对教学效果起到负面作用。

(三)大学生个体发展的不稳定

大学生在身体和心理上都处于成长阶段,特别是在心理发展方面,会出现较大波动,心理承受能力较弱。这个时期,他们对知识的渴求,是思考能力和探索能力成长的重要阶段,感情方面波动也比较大,具有极端性和多边性的特点。这一时期,极易导致他们在网络虚拟世界中失去目标,迷失自我。

大学生是一个勇于自我表现的群体,他们愿意在学校这个大舞台上自我表现和锻炼,提升自己各方面能力。他们积极参加学校组织的各项活动,通过活动向同学们展示自己的实力。在这个过程中,他们的过分自信、低估对手等心理如果再遇到比赛失利,容易造成极大的心理负担和心理打击,为了排解这种不良情绪,他们往往会通过网络途径进行发泄,导致他们参与活动的重心从线下转移到线上,浪费大量时间在网络虚拟世界里,意志消沉,无法自拔。

大学生的好奇心和求知欲表现在他们对新鲜事物的尝试,而对虚拟网络世界的诱惑,由于心理素质较低、自制力弱,很容易误入歧途;加之他们的道德品质还未完善,没有良好的教育和自我监督概念,容易迷失自我,丧失自律,受到不良信息的影响,沉迷网络,对现实世界失去兴趣。

二、大学生网络道德教育问题的解决对策

加强大学生网络道德教育,实际上是一个庞大的系统工程。不仅需要加强大学生网络行为的理论研究,还需要增强对大学生网络行为的具体实践指导,帮助大学生掌握和遵守相应的网络道德规范,形成良好的网络行为模式。因此,如何加强大学生网络道德教育,采取什么样的对策提高大学生网络道德教育,是高校面临的一个重大课题。

(一)完善教育者的素质

教育者素质的高低是影响道德教育效果的重要因素,要想提升大学生网络道德,教育者素质的完善和提升应该先行。教育者在道德素养教育方面承担着重大责任,他们需要根据社会发展形势,依据国家对道德教育的要求,根据受教育者的实际情况,制定阶段性和长期性的教育目标,并实施教育。而这一系列过程,都应该以教育者自身要具有较高的道德素质

为前提,教育者自身的能力和素质,对教育效果起着决定性作用,这是开展好一切道德教育的根基,教育者应该具有政治、思想、知识、能力、道德、生理和心理等方面的素质。

在网络环境下,教育者素质的高低直接影响到高校道德教育的效果,教育者也应根据社会的发展和变化完善自己的素质,以适应网络道德教育的需要,肩负起提高大学生网络道德素养的重任。完善教育者的素质应从三个方面做起。

1. 教育工作者德育观念的转变

传统的教育,教师的教育观念存在过于保守、轻视和不明朗的问题,这些都是不利于学生网络道德教育的问题。随着时代发展,教师要学习新的观念和技术,利用新的网络行为引导、教育学生,利用新的技术手段,将道德教育发扬光大;要指引学生抵制网络诱惑、培养正确的互联网观念,在网络道德上有所突破,帮助学生解决上网过程中遇到的问题。同时,教师要教会学生进行心理压力疏导和网络信息的判断能力。教师首先要明确网络具有广阔性、开放性、非现实性,除了可以获得大量的信息和资料外,还是一个非常公平、民主的平台,能够发挥学生的自主学习和交流的积极性。

在网络环境中,教师和学生的地位是平等的,教师要调整自己的心态,建立双向的沟通和交流,引导学生在有关道德、兴趣方面遇到难以启齿的困扰时,可以通过网络手段向教师反馈。这样的操作方式能够让教师及时了解学生的心理变化和成长,找到教育突破口,对学生心理进行有效辅导,根据学生的心理状态,制定相应的教育方针。让高校道德教育能够走进学生心里,对他们的学习、生活产生正向影响。

2. 教育工作者应具有丰富的理论知识

教育工作者没有丰富的理论知识是无法胜任教育工作的,系统地掌握马克思主义的理论知识,是教育工作者的基本要求。对高校教育工作者而言,马克思主义理论是基本功。教育者应用马克思主义辩证唯物主义和历史唯物主义的基本理论武装自己的头脑,具有正确的世界观、人生观和价值观并具有自觉维护正确的"三观"的责任感,熟悉运用网络技术,能及时认识和解决网络传播中出现的问题,使网络道德教育更具有说服力,能吸引学生的注意力,产生强烈的吸引力和感染力。教育者也要有开拓创新的精神,探索网络道德教育的新模式。

3. 教育工作者应具有良好的业务水平

教育者需要政治性强、业务精湛、纪律严明、作风正派、专业知识过硬、能力素质较高,具备丰富德育经验和较高的网络技术水平,能熟练地使用网络,了解网络的特征,同时要具有创新意识,能够以敏锐的思维反映网络道德问题,迅速地展开行动,有针对性地开展道德教育活动。教育部门和各个高校也要及时组织对教师进行技术培训,从各个方面创造条件对教育者给予大力支持和帮助,使其能真正肩负起提高大学生网络道德的重任。

(二)深化网络道德教育内容

深化网络道德教育内容,要加强大学生网络规范意识和网络心理素质的培养。网络道德教育虽然在思想政治理论课中有一定的反映,但内容不够深刻、具体,因而缺乏针对性,道德教育效果不够理想。在实践的基础上,结合网络道德教育的基本内容和大学生网络道德的表现,加强网络道德教育可以深化以下几个方面的内容。

1. 网络道德规范教育的深化

高校开展网络道德教育必然要反映网络社会的新变化和大学生身心发展的需求,要引导大学生形成正确的网络道德观念,使他们认识到在网络社会中正如在现实社会中一样也应遵守相应的道德规范,树立文明上网的意识,做网络社会的道德人。在对大学生进行网络道德观念教育的同时要以马列主义思想为指导,注重对学生们进行世界观、人生观和价值观的教育以及爱国主义、社会主义、集体主义的教育,增强抵制错误思想的能力,提高他们正确的网络道德理念。同时,加强大学生网络价值观教育,价值观教育是大学生网络道德教育的核心内容,引导学生正确对待网络技术,减少网络上瘾、网络道德问题的产生。对大学生进行网络道德教育也应注意帮助大学生培养高尚的网络道德情操,用中国传统文化的"真善美"的标准进行教育,使他们产生道德认同感,形成积极、高尚的道德情操。

大学生网络道德教育的内涵丰富,外延宽广,而最基本最核心的内容是,大学生首先要遵守最基本的网络道德规范,树立正确的网络道德观念,注重自己在网络上的一言一行,从自身做起,维护好网络秩序。除了这些基本的要求,还应该注重大学生的网络礼仪教育,网络礼仪顾名思义即网络交往中的礼节,主要包括问候礼仪、交往礼仪、语言礼仪。网络道德基本内容和礼仪教育,能够使大学生更加注重上网过程中的行为,逐步提升道德素养。

结合当前网络发展形势,根据社会主义对道德的要求,应当逐步充实道德教育内容,使道德教育体系更加完善。因此,结合内外部形势,当前,大学生应该遵循以下规范:一是坚决依照相关法律、规定规范上网行为;二是恪守基本的行为道德规范;三是尊重各类知识产权,比如版权、专利;四是严禁参与危害国家、社会、集体以及个人的各类活动。

2. 网络心理教育的加强

大学生的心理在网络环境中受到极大冲击,如果没有良好的心理承受能力,很容易产生心理问题,再加上现实生活中的学习、感情、找工作等压力,会加重心理负担。大学生还处于生理和心理发育成长的阶段,一旦受到网络不良信息的影响,如果承受不住,便会导致一系列心理问题的产生。因此,教师要及时发现学生的心理变化,并给予及时的心理咨询和心理教育。

在大学生网络心理教育方面,高校可以在网上开设专题,进行专业的心理咨询和心理健康指导,邀请心理咨询师进行指导和辅导。合理利用网络资源,开展教师和学生一对一的心理交谈工作。针对学生出现的问题,给予开导,使学生走出心理误区。在这个过程中,除了现实的心理素质,还要注意加强他们的网络心理素质,将心理素质教育和思想道德教育协同发展。

3. 网络法制教育的加强

强有力的法律法规是保证大学生文明上网的重要途径,避免他们进行网络犯罪。网络的法律法规是营造良好网络环境的关键。高校应大力普及网络法律知识,要求大学生在网络环境中遵纪守法,做良好的网络公民。中国政府已经颁布了针对网络的法律法规,帮助大学生培养良好的网络道德品质。

网络法律意识是网络道德教育中的重要环节。只有让学生熟悉了相关的网络法律法规，才能够让他们用好网络这把双刃剑，才能够加强当代大学生的社会责任感和教育责任感，引导大学生做知法、守法的网络公民。同时，要加强学生在网络环境中的自我保护意识，提高他们的是非判断能力，提高他们道德标准，引导大学生利用网络途径，维护自身合法权益。

在加大普法的过程中，高校还可以通过线上宣传、线下讲座、网络法律知识竞赛等方法，加强大学生的网络意识，引导学生远离违法犯罪的行为。

(三)创新教育手段和方法

利用创新的手段和方法，开启线上线下教育融合的教育方法，对大学生的网络道德教育进行教授，可以从不同层面进行。考虑大学生在网络上容易出现的问题，我们需要在教育方式、教育手段等方面重点关注，并不断加强网络道德教育的工作发展。

1. 传统和现代互相融合的教育方法

利用教师以往的教学经验，通过线下课堂教育中的观念，对学生进行引导、教育。课堂上，教师授课，课堂外，学生自主活动，利用良好的网络环境，推进网络道德教育的课堂内和课堂外教育。

2. 教师授课和学生自主学习相结合的教育方法

教师授课和学生自主学习相结合的教育方法是主动和被动，内部因素和外部因素相结合的一种手段。网络环境的复杂性，导致学生容易失去自我，这要求学生具备良好的自我控制能力、自主学习能力、抵制诱惑能力；培养正确的网络使用方法，为网络道德行为负责。

3. 线上和线下相结合的教育方法

要加强线上法律法规学习，充分发挥网络的积极作用，为学生学习提供更多的平台和资源，针对优良的信息进行鼓励和吸收，针对不良的信息进行批判和摒弃；形成正确的舆论观，培养学生正确判断是非的能力。同时，在线下通过传统课堂，加强道德素质的提高，以线下带动线上，提高学生整体网络素质。通过这种线上线下相结合的方式，达到高校道德教育效果。

(四)加强自我教育

任何内容、任何形式的教育，不仅包括外在的干预，即教育者的教育，也包含被教育者的自觉和自律。大学生网络道德教育受到各界的高度重视，政府、学校之间高度配合，"政、产、学、研"联合共同推进道德教育。但这些外在的因素只是一种助力，要想网络道德教育达到更好的效果，应该培养大学生的网络道德自觉和自律。

如果说教育者的教育属于外在因素，那么道德自律就是内在因素。外在因素是助推器，内在因素才是核心。由外在干预实现自觉自律才是道德教育的最终目标。道德自律指的是自觉认同道德规范，同时主动用其规范自己的行为，这个过程几乎不需要外界参与，是一种发自内心的意识，并由此产生的行为，进而可以影响其他人，是一种由被动的接受教育，到主动践行的过程。对于大学生，自我教育应该关注以下三个方面。

(1)提高认知水平。通过某些道德事件，我们可以发现，大学生的不道德行为，或者对某件事产生了错误判断,并不是因为这些学生的品德素养缺失,而是因为他们对道德认识不深。在这种情况下,只需要正确引导,让他们树立正确的是非观即可。因此高校应该通过开设相关网络道德课程,对学生进行正确引导,使学生们的认知水平得到提升,进而促成学生们形成正确的观念和行为。

(2)规范网络道德行为。高校德育教育需要从被动干预,到形成学生自律的转变,要让学生能够在无人监督的情况下,主动遵守网络秩序,自觉规范自己的行为,严以律己。

(3)培养"慎独"精神。"慎独"是儒家思想之一,也是我国传统的伦理思想,继儒家之后,很多学者、专家都提出了应用于不同领域的"慎独"精神。这种精神的内涵是自我认识、自我规范,是在无人约束的情况下,严格规范自己的行为,使之符合道德标准,也就是我们常说的"自律"。这种"慎独"精神也可以应用在大学生的网络道德教育领域,一是慎辨,也就是使大学生具有正确的是非观,二是慎言、慎行,即规范自己在网络空间中的言论和行为。通过慎辨、慎言和民行等方面的教育,使大学生养成独处时的自律习惯,有助于网络道德素养和行为的提升。

大学生自觉自律遵守网络规范,并实时对自己的言论、行为进行对标,才是网络道德教育的本质。教育大学生逐步养成自律的习惯,才能在无人监管的状态下,采取正确的网络行为。

(五)加强网络管理力度

要打造强有力的网络管理,需要在网络道德监督和网络道德惩罚两个方面开展工作。目前,网络环境还没有成熟的法律法规作为有效的监督手段,加上大学生的思想和行为又极易受到网络影响,会导致他们在网络环境中表现出不负责任的态度,甚至出现违反道德的行为。因此,学校要建立专门的管理机构和管理人员,加强校园网络环境的监控和管理,及时查看学生的不良网络行为,并进行反馈和处理,特别是在校园中不正确、不利于学生心理健康发展和道德品质培养的言论,应及时清除、屏蔽,以此共同维护好校园的网络环境,打造校园网络环境的保护墙。

高校的网络管理方式要以国家相关法律、法规为基础。高校的网络管理要结合学校的实际情况进行相关规定的制定,要求学生遵纪守法,针对较轻的涉事者采取口头警告、通报批评的手段,针对较重的涉事者采取离校查看、开除学籍的办法。通过一系列的惩罚机制,实现校园网络环境的净化,培养大学生的网络法律意识,做遵纪守法的好网民,培养大学生的网络道德品质。

(六)优化校园网络环境

校园网络环境的优化,是保障大学生正常使用网络的重要手段。随着互联网的发展,高校的道德教育不仅受社会影响,也受到网络影响,教师要重视校园网络环境的培养,关系到学校道德教育的重要因素,是培养大学生积极参加校园活动的关键,是学校道德教育的主要根据地之一。

可以从以下两个方面优化校园网络环境,发挥网络的现实用途。

一方面,建立专门服务学生、帮助学生成长的网络道德专题网站和多媒体教育平台。利用互联网优势,传播校园文化,弘扬中国特色社会主义,培养正确的政治意识。通过与国家政策和时事政策的结合,在学生的兴趣点和关注点上进行重点宣传和引导,针对不良信息和思想进行批判和摒弃,以此优化校园网络环境,培养学生明辨是非能力,引导大学生主动抵制网络不良信息,吸收优良信息。

另一方面,通过学术讲座、校园活动、歌唱、演讲比赛、辩论比赛等形式,丰富校园活动,丰富学生的日常生活。鼓励学生积极参与校园活动,通过校园文化力量,培养学生的学习态度、学识素质和道德品质;把互联网运用在校园活动中,通过线上、线下开展活动,促进教育发展,以此提高网络道德水平,让互联网成为学生学习和生活中的有力武器。

综上所述,网络的发展和道德的发展是息息相关的,大学生网络道德教育是一项漫长的工程,需要多方共同努力,共同管理,共同惩治,协调统一发展,才能够提高大学生的道德教育水平,提高校园环境中的道德教育。

第五节 大数据时代的大学生道德教育方法

教育虽然从整体上来说是比较独立的社会系统,它有独特的构成方式,但是随着信息技术的不断深入,教育活动也逐渐开始依赖于互联网、信息技术、数据资源。因此,在大数据时代背景下,开展大学生道德教育必须结合新的时代特征,创新教育方法,才能取得真正的效果。

一、网络道德教育与现实道德教育的结合

随着大数据时代的到来,大学生的道德教育逐步区分为网络教育以及现实教育,两者既有联系又有区别,两者具有相同的教育功能,现实道德教育为网络道德教育的发展奠定根基,网络又使得现实道德教育能够有更为广阔的延伸和发展。将网络道德教育与现实道德教育相结合,在实践中将会大大提高大学生道德教育的实效性。

(一)现实道德教育为基础

把大学生的道德按照网络道德和现实道德做区分时要注意,网络道德在本质上是现实道德在网络虚拟世界的反映,现实道德对于网络道德来说是基础,网络道德之所以具有特殊性,是受到互联网特性的影响。目前的网络用户中,有很多是大学生,他们有双重身份,既是现实的社会人,也是网络的主体人。现实社会的教育体系所包含的主流道德观在持续影响着大学生,影响着他们的行为,在这个基础上,大学生形成了自己的道德观念、性格和品质。大学生来到网络世界以后,这些观念也被他们慢慢带到里面,反过来影响着网络道德和网络世界。在网络世界,大学生会表现和显示出他们在现实生活中形成的品质、行为准则和基本道德观念。但是,网络道德具有一定特殊性,它一方面会适应网络虚拟世界的需求,另一方面也应避免和现实道德出现对立状态或发生冲突。对于网络道德的价值取向,现实道德会在深层发挥导向作用。人在现实生活和网络社会生活中都是主体,离开现实空间的活动,任何网络行为都无法独立存在。

在社会活动中,出于共识,大学生在行为上必然会遵循一定约定俗成的模式,它们是历史产物,在潜移默化中约束着大学生,这就是现实社会道德。现实社会道德涉及的范围很广,网络道德也包含其中,现实道德还会对网络道德产生引导和指示作用,为网络道德的形成提供基础和精神动力。现实道德教育是以大学生内在自我为基础,由外部风俗、传统观念

和舆论一起构成的。对于网络道德教育,现实道德教育会产生评价的主导作用。通过评判大学生网络道德,现实道德教育能促使大学生网络道德发展走向正确方向。对于网络道德教育,现实道德教育会产生主导的指向作用。

一方面,舆论监督着大学生网络道德发展,会对大学生网络道德方面出现的偏差进行一定评判,鞭策其向正确的、好的方向发展;另一方面,现实道德通过持续培育大学生,能促使其从更深层面对个人道德水平进行反思和考量,引导其主动不断提升自身网络道德。对于网络道德教育,现实道德教育会产生规范的主导作用,体现就是约束社会的整体价值取向。从本质上说,道德属于一种自发约束力,在网络生活中,这种约束也有体现,具体体现就是调节功能。不过,这种约束力的来源是现实中大学生形成的道德认知。对于网络道德教育,现实道德教育有很强的引导作用,具体来说,如果现实道德教育具有正确性,它就能为网络教育提供良好土壤,如果现实道德存在问题,网络道德对此也会有所体现。从本质上说,网络道德方面存在的问题是现实道德方面存在的问题。另外,由于所受教育有一定的不同,大学生现实道德水平的差别,也会通过对其网络行为的影响而体现出来,由于所受教育不同,大学生在行为方式上也会有不一样的表现。即便是同一个学生,因为时间和地点差异,其现实道德水平表现方面的差异,也会导致其网络道德行为的展现出现差异。

(二)网络道德教育为继承

网络道德教育会继承现实道德教育。现实道德教育在发展过程中形成了大量宝贵经验,以及一套效果很好的道德教育体系。网络社会为道德教育开辟出新空间。网络道德教育在发展过程中,要对现实道德教育有所取舍,在此基础上,将当下时代中社会上新的价值体系和大学生新出现的思想观念纳入进来,结合大数据互联网技术以及现实道德方面的好的教学成果,持续创新。随着网络技术的不断发展,大数据在各个方面融进了大学生生活,人们以往关于网络道德教育的认知被颠覆,不过也因此获得更多机会。互联网的自由性给教育带来了更多受众;互联网的便捷性让教育传递更加及时;互联网所具有的多种功能,让其具备了别样魅力。在大数据时代,只有互联网才有这些特质。

网络给教育带来了变革,进一步提升着教育者所具有的教育水平。进行网络道德教育,是指实现网络技术和道德教育的相互提升和促进。网络技术可被作为道德教育提升和发展的必要方法,道德教育的开展要从时代角度出发对问题进行审视,从时代角度出发去进行提升。网络能够将信息以更快的速度传播到更广的区域,教育体系具有面向大众和持续更新的特点,在教育方面,速度更快的网络带来了更多便利,通过它,道德教育内容很快就能被传播到社会的每一个角落。网络道德教育可以一步步深入不同主体、环节和阶段,让教育有新生力量,并且创设更好的教育环境。网络内容具有具体、鲜活和丰富的特点,这会促使学生在接受道德教育时拥有和以往不同的状态,显现更多活力。网络道德教育对于学生的具体需要能做到更准确地掌握,这能帮助教育者进行准确评价。注意可能出现的问题,及时解决,道德教育因而也能拉近和学生的距离,具有更高的效率和更强的实效。

网络道德教育会发展现实道德、教育。在大数据时代,发展道德教育就是让以往的道德教育在机制、认知、观点和方式等方面都和大数据时代的背景相匹配,更符合个人发展以及网络社会发展的需求,对人的全面发展和网络的发展带来更多提升,让道德教育能够实现数据化、网络化和信息化。网络道德教育对道德教育进行了发展，而且这种发展属于现代道德教育的范畴。在网络影响下，现实道德教育发生了极大变化。在网络上，教育的双方地位平等，这对双方提出了更高要求，提供教育的一方要表现得更主动，接受教育的一方也应更自觉。在具体内容上，关于世界的认知、价值观念的组建和伦理体系的形成，对大学生产生了新的要求。通过网络，教育的科技水平和科技含量也得到提升。对于大学生来说，网络在言论方面为他们提供了更广阔的舞台。在方法上，通过网络，教育者能更多地了解学生真实想法，在教育过程中可以因人而异。对大学生自我约束能力进行提高；通过网络，道德教育也有了更便捷的方法；网络让道德教育有了更具吸引力的手段。

(三)网络道德教育和现实道德教育有机结合

网络道德教育和现实道德教育有机结合主要表现在三个方面。

1. 对于教育的终极目标来说，网络道德教育和现实道德教育存在着相同之处

道德教育主要是把教育的过程以目标、理念和行为等方面要素作为组成方式。对于目标教育来说，主要体现在党中央的各项大政方针所倡导的各个方面；对于理念教育来说，主要是以马克思主义为学科方向；对于行为教育来说，主要是以当今时代的法律法规以及道德规范为主。对于接受教育的学生而言，他们生活在充满时代气息的特殊年代，在他们身上既存在着传统观念下共同的人格特点，又有着个性化区别，因此在对他们实施教育时，要尽可能兼顾到个人差别，因材施教，针对他们的性格特点，有目标地实施教育。目标、理念和行为三个方面是不可分割的，对于每名学生的培养和教育都要结合实际，按照受教育者的实际认知水平等，对学生进行有针对性的教育。

在对学生进行现实道德教育时，有一种教育方式是对其内心进行塑造，把教育内容清晰明了地表达出来，让他们能够清楚自己的行为规范，并遵循一定准则。在对学生进行网络道德教育时，更加侧重让学生在不知不觉中接受教育。在现代社会，学生的独立意识往往比较强，他们通过自己对社会的接触和了解，在自己思想观念中对这个社会有一定的评价和判断，而且这种评价和判断一经形成，便很难被外来事物所左右。在这种情况下，网络道德教育的优势便逐渐显现出来。这种教育形式的优点在于，通过丰富的人或事，吸引学生认知，结合现实生活中的道德教育，让学生从中受到教育，并进一步引起思考，对照自身存在的问题，进行深刻反省，并从内心深处由衷地生发出与这个时代相顺应的观念和做法。

2. 网络道德教育和现实道德教育相结合，使受教育者从想法到行动达到一致

在现在这个信息社会，网络的飞速发展，使人类的生活发生了颠覆性变化，世界各地所发生的每一件事，可以在极短的时间内传播到任何一个角落。这些传播的内容，会为学生带来许多意想不到的后果。从某种意义上说，网络世界的安全直接影响着现实社会的安全。如果让接受这些信息的学生能够更多地接受其中的正能量，必须要治理好网络环境，并以此带动现实社会的良好秩序。如果要实现这一点，当下首先要做的是要让学生具有正确的思想观念，并以此指导自身的行为规范。

在实现网络道德教育和现实道德教育相结合的前提下，才能摒除一切不良习气，从而树立起良好的道德风尚。与我们的想法不可能完全相符的情况是，每个个体无论从思想还是

行为上,都存在着个性化差别,只要有差别存在,在不同的人身上便会存在着不同的道德观念,而这些道德观念又会影响和支配个人行为,并对他们生活的各个方面带来影响。

在这个网络时代,学生对周围的了解在一定程度上是源自网络,他们通过网络接触这个世界,开阔视野,增长见识。作为学生沟通交流的主要渠道之一,网络所带给他们的影响之大,使得学生在不知不觉中产生了差别,包括性格的差别和人生观、世界观、价值观的差别等。任何事物都具有两面性,网络也不例外。因此,在对学生进行教育时,不能只是简单地注重把学生与网络和现实进行联系,而是要充分发挥网络的教育引导作用,通过多种手段,让学生真正通过网络途径和现实途径的有机结合,接受真正的道德教育。

3. 在对学生开展的各类教育中实施的道德教育是一切教育的前提和基础

因为只有对学生实施了道德教育,才能够帮助他们进一步树立道德观念,提高道德素养,从而形成符合道德规范的个人习惯。

要达到这样的教育目的,要使学生清楚地意识到,要让自己向着高尚的道德目标迈进,首先要对道德有一个清晰的认知,之后才能以这种认知指导和规范自己的言行,久而久之,便会内化于心,外化于形,使之真正成为约束自身行为的重要规范。在这里,网络道德教育和现实道德教育的相互作用、相互融合更彰显了其重要性。

从现阶段网络世界来讲,由于充斥着很多不确定因素,学生在沉迷网络时,一旦放松警惕,便会深陷其中不能自拔。所以在对学生进行网络教育时,要考虑这一点,要引领学生接受正面的道德教育,使其在接受教育过程中,明辨是非,去其糟粕,取其精华,通过接受深刻的教育,坚定自己的思想意志。仅仅这样还不够,还要让学生通过接受道德教育,从内心可以对一些行为是否符合道德标准有一个正确看法,从而真正在他们的思想中形成一套衡量道德的标准,清楚地分辨出什么行为符合道德标准,什么行为违背道德标准,并以此对照和规范自身行为,并与社会所倡导的道德规范相适应。

所谓道德,是人们对自己行为的一种无形规范,这种规范具有约束性,具有高尚道德的人,也一定是对自己约束力比较强的人。人们之所以提倡要遵守道德规范,并不是为了用道德约束人,而是通过人们对道德有了深刻认知以后,通过内心对道德规范的认同,使其转化成一种发自内心的、无形的约束力,让人们自发地做好道德规范的践行者和传承者。

4. 对学生开展道德教育,能够真正触动到他们的心灵深处

我们提出的网络道德教育和现实道德教育存在的相同之处在于,都是通过道德教育,触动学生的内心深处,从而真正激发他们的内部潜在能力。网络世界是一个巨大的平台,为学生开辟了一个无限广阔的天地。但是必须要应用好这个网络平台,把虚拟的网络世界与真实的现实世界相结合,充分发挥二者长处,使受教育者在接受教育时,满怀愉悦地积极学习,并不断拓展学习外延,借助网络优势,以更广的知识面和更快的速度,获得更多知识,挖掘自己的内在动力。不仅如此,通过网络教育,还可以进一步拓展学生的认知空间,带领他们接触更多领域,开阔他们的视野,拓宽他们的思维。通过网络信息传播,让学生轻松掌握世界上的最新动向,了解各地风土人情,增加他们知识领域的广度和深度,增强他们认识世界的能力。

二、数字技术和人文精神的结合

数字信息技术在高校迅猛发展和广泛应用的同时,高校传统的人文精神教育均逐渐衰落。因此,大数据时代的大学生道德教育必须将数字信息技术与人文精神教育结合起来。

(一)数字技术为必要方式

在大学生道德教育方面,数字技术是必要方式。它是人类历史上最伟大的技术成就之一,是网络主要特征之一。数字化是指对种类繁多、数量庞大的图、文、影、音信息进行转码,把它们转换为一串符号或数字,接下来进一步转成可以被计算机读懂的二进制代码,在计算机里存储,借助计算机和网络进行传播。虽然网络信息是海量的,而且有不同表现方式,但是,由于他们最后都可以转化成数字形式,所以从根本上说,他们都能统一叫作"数字信息"。对于大学生道德教育,数字化技术起着关键性的支撑作用。大学生道德教育在技术方面实现数字化,就是组建包括数字化的道德教育资源库、用于传输道德教育资源的网络、用于检索和浏览道德教育资源的前端平台在内的大学生道德教育方面的技术,帮助教育者实现信息化教学。在大学生道德教育方面,数字信息技术是核心技术,其他方面的大学生道德教育技术都依附于它,没有它,其他相关技术也无法实现。从本质上说,在大学生道德教育方面实现数字化,就是凭借数字化和信息化方面的技术支持,围绕大学生道德教育的建设,构建一套涉及认知、理论、方式、模式和实质的完善的教育模式。通过不断运用和推广这样的模式,能在一定程度上实现大学生道德教育在数字化基础上的提升。

(二)人文精神教育为重要组成部分

在大学生道德教育方面,人文精神教育是重要的组成部分。大学生道德教育要对人文精神突出重点。所谓人文精神,就是在各类文化因子和人文学科基础上,提炼出来的共同规范及准则特点、价值观念等。它的思想内涵建立的基础是对人本质的深刻理解,它体现着以人为核心、关心和理解人的情怀和理念。人文精神具有丰富含义,具体来说包括以道德为出发点,研究人的需要和信念;从正义角度出发,思考和探讨自由与公正;以对人的尊重为最高追求,更加重视人的个性需求,探讨生命等命题和对人的终极关怀。在内在层面,它以人的思考为基础,突出人的主体地位,强调人性的主导作用,发现对于人的关心和爱。通过数字技术运用,大学生道德教育外延得到无限扩展,不过,仔细思考其内涵,就会发现其中存在对人文精神培养的忽视。在大学生道德教育方面,新技术的确能提供很多便利,不过,我们更不能忽略它带来的精神冲击。在以往教育中,存在程式化问题和盲目推崇数字化的问题,这导致很多教育最后成了简单的技能训练;生存方式的数字化,导致大学生在一定程度上出现了符号化和抽象化的问题;由于缺少人文精神,一定程度上导致大学生出现心理和道德困境等。因此,大学生道德教育过程中,必须对人文精神教育加以重视和体现,也可以说,必须加强教育本身的人文意蕴。

(三)数字技术与人文精神结合

事物都是有利有弊的,信息技术也如此。信息技术一方面给人们带来了更多便利,让很多事情变得更快捷,另一方面也产生了一些负面影响,比如信息污染等。鉴于此,对大学生进行道德教育时,要将数字信息技术和人文精神教育结合在一起。

1. 在内容的控制上将数字技术与人文精神有机结合起来

充分利用数字技术、网络技术等对信息进行分类、过滤;给网络注入人文色彩,充分发挥人对不良信息进行控制的作用,尽量以正面事件和正面能量来引导学生;对学生的行为进行数据挖掘和分析,以便对其未来的可能的行为趋向做出预测;对不同的学生进行不同的人文精神教育内容的推送。

2. 在教育的方式上将数字技术与人文精神有机结合起来

人文精神如果想要对整个网络环境产生有效的影响,必然先从源头上进行治理,还要把大学生放在整体道德环境建设的核心地位。然而,人文精神在具体的学生的身上表现在追求、信念、道德、人和、气质和修养等各个方面,每个方面都有特定的人文内涵和文明理念,因此,传统的教育方式必然在学生的人文精神教育方面表现弱化。而发达的数据技术的运用将在大学生人文精神教育的方式上实现多样化。

3. 在内容的传播方式上将数字技术与人文精神有机结合起来

数字信息技术使人文精神的传播获得了超越时空的普遍意义。因此,在大学生道德教育的过程中,教育者要快速传播大学生道德教育的内容,必须学会并善于利用各种数字信息技术手段,教育者要将体现了人文精神的道德教育内容有效展现给学生,那么在多种类型的传播过程中也必须学会并善于运用各种技术形式。

三、数据思维与传统经验相结合

教育是人类社会永恒、普遍的现象,伴随着人类的产生而产生,随着社会的发展而发展。时至今日,教育活动已经累积了大量的教育经验,将教育现象作为研究对象的教育学,揭示了教育的规律,帮助人们认识了教育领域事物之间的本质联系及其发展过程的必然趋势,为教育实践提供了理论指导。一代又一代的教育研究者不断将自身的教育经验进行理论抽象,从而丰富了教育理论的内容。面对正在到来的大数据时代,教育研究者和工作者均遇到了新的问题。庞杂的内容、碎片的信息、细分的受众、精准的推送,给大学生道德教育带来了"信息茧房"效应。在这样的束缚下,大学生的人脉被自我限制,个人的观点、见解往往也会因为以自我为中心而成为偏见,并且容易让自己变得十分狭隘,不能从整体上把握社会,产生极端心理。因此,面对新情况、新问题,教育研究者和工作者必须结合教育的传统经验,同时树立数据思维,拆掉思维的墙,为大数据时代的大学生道德教育提供强有力的理念引导。

(一)数据思维是一种全新的思维形式

数据思维是高校学生思想、道德教育的一种全新思维形式,主要体现在以下三个方面。

1. 数据思维需要从所有方面来切入

随着大数据时代的到来,大家在数据的收集和分析以及存储等方面有了很大程度的增强,加入大家想要获取的最值得信赖的信息,一定要做到对数据内含的价值属性进行解析,针对资讯展开精准评价。网络的出现突破了信息传播的空间约束,但是也使得宽广的信息维度被屏蔽了,让数据呈现出片面性和局限性,这样一来大家获取信息的时候也不够全面和深入。随着变化的形成也使得老师在进行工作时需要做到的更多,要积极地去熟悉与选取信息,去寻找影像信息、数据信息,去探索所有的搜索形式、社交平台和巨大的数据,同时可以按照自己已经掌握的知识,对这些数据进行梳理,把当中所涉及的想法和价值取向以及习惯等进行划分和筛选,按照学习者的需要,给学习者供给他们需要的资源和服务,而且这些资源和服务应该是成系统化的、全面的和全部化的融合体,这样一来老师才可以全面去掌握高校学生的思考方式、认知的高度、言语模式、自身需求等。

2. 数据思维是一种模糊的思维方式

现在正是大数据急速发展的大时代,高校学生在道德教育方面的问题都能够借助大数据这个技术来展开科学准确分析,这种形式也和现在信息的发展是相符合的,通过这种形式也可以对学习者的道德水平进行准确的评价。但是,这种形式虽然带来了方便,然而也使得一些错误的和不好的信息同时流入进来,这样一来,道德教育的难度也相应增加了。从这些可以看出来,从事高校学习道德教育的老师,也要相应建立起一种相对模糊的思维方式。老师也不是运用一种模模糊糊的思维状态,针对高校学生的道德水平展开评判。高校学生的道德状态处在一种模糊不清相对复杂的情形之下,老师能够借助模糊的思维通过自己对高校学生的道德水平的感知,从而得到一个大致的结果,之后再将自身经验融入其中,对当中的不足加以补充,它的最终目标也是追求准确。立足实际情况,高校学生道德思维都有着本身的不准确性、应仓性和珩动性,这也造成了高校学生道德思维存在着一些烦琐性,因此在进行教育时也一定要根据这些烦琐的原因,借助不一样的方式体现出来。这也就要求老师要将自己的抽象推理的技能和综合总结技能融合在一起,按照高校学生自己的习惯和鲜明的特点准确地给出不一样的解决方法。

3. 数据思维也是一种开放性的思维方式

在大数据这个大环境之中,数据的形成和信息传导的宽广性和多样性以及活动性有着紧密联系,同时还和数据的烦琐程度以及更新进度有着密不可分的关系,因此,从事高校学生道德教育的老师的数据思维还要具有一定开放性。由于现在这个社会是一个开放社会,它不再局限于原来的计划经济和自然经济条件下的人际社会的小圈子里,这种长时间交际很少的闭塞状态也随之终结了。伴随着信息技术尤其是互联网技术的快速前进,社会的数据化和网络化的特点也逐渐显现出来。从这里就可以发现,在进行道德教育时,老师对于数据要有着极强的敏感性,对价值要有着准确的判断,这样才能够获取大数据环境下道德教育的经验,同时可以把经验总结为自己的理论,这样才能够对实践教育进行更好的指引。

(二)数据思维和传统经验融合在一起

在大学生道德教育中将数据思维与传统经验有机结合起来,需要注意四个方面。

1. 便携式智能教育载体的普及

当今科学技术的进步,将人们带入一个大数据时代。对大学生的教育方式有了新的、灵活多变的选择。这是传统纸质媒介所无法做到的。如今在大学生群体之间,平板电脑和智能手机已经基本普及,这些电子设备本身所具有的灵活性,深受大学生青睐。现在的施教者可以通过例如微信或微博等公共平台,对大学生进行道德教育。在这些公众平台上选择将要发布的议题时,需要依据实际情况并结合自身丰富的道德教育经验,通过对网络上的信息进行层层过滤和筛选,将最积极和阳光的一面展现给学生,与此同时,也要适时关注学生的反馈,经常注意他们的情感以及道德意志的变化,并引导他们的行为向正确的方向发展。

2. 把所接受的有关信息进行删减

随着现阶段各种媒体介质的迅猛发展,这些传播介质变得越来越小,使得学生在接受道德教育的有关信息也变得相对较少。同时,这些媒体介质接收的信息也变得零碎。基于这一点,很多学生便充分利用所有可以利用的时间收集有关信息。在当今飞速发展的社会,一些可以作为教育信息传播的载体被研制得越来越先进,体积越来越精巧,学生对于信息的获得达到了随时可得,信息的内容变得越来越简短,人们对于信息的了解越来越趋于表面化,对于深层次的理解变得很稀缺。这要求在对学生实施道德教育时,要充分结合现实社会的实际情况,对学生进行切实可能的道德教育,根据学生的阅读特点,把具有文化底蕴的道理充分进行提炼、总结,使得这些教育内容更具有吸引力和说服力。在形式上可以采取多样化的特点,借助各类静态和动态的表现形式,如微博和微信等,这些传播途径有着一个共同之处,就是实效性强,短小精悍,而且比较有趣,能够充分引起学生的兴趣,吸引他们的注意力。另外,这种途径的传播方式还具有一个很大的优点,就是制作及时,传播迅速,可以在很短的时间内被广泛传播,取得很好的教育效果。

3. 可以区分接受教育的人群

目前,被广泛应用的大数据能够把接受教育的各类人进行分类,在对学生实施教育时,可以依照分好的类别对其实施有针对性的教育。在对他们进行分别归类时,可以把学生所具有的一定元素作为划分标准,如学习是否优秀、家乡所在地、本人的家庭情况等,然后按照划分的类别开展教育,一方面是先由学生按照自身的各方面情况自主选择接受教育的内容;另一方面则是由对学生实施教育者在制定好相应的培训目标以后,再根据学生的实际情况适时加以调整和完善,通过某种平台将教育计划进行公布,让学生充分了解,使学生更加清楚和理解接受相关的教育,让道德教育变得具有针对性和准确性。

4. 使道德教育更接地气

在这个纷繁复杂的社会,让学生接受道德教育的内容更加丰富,接受教育的途径更加宽阔,使得每一个人都能够参与进来,既是教育的实施者,又是教育的接受者。从这种意义上说,道德教育的实施者不再局限于传统意义上的教师,教育的场所也不再局限于传统意义上的课堂。也可以这样说,每一个人,每一处场所,都可以作为教育的实施者和实施教育的场所。所有加入道德教育中的人、事和环境,都可以作为道德教育传播的载体,这种局面的形成,给传统意义上的教育赋予了新的内涵,不再是停留在空泛的说教,而使得教育更加接地气。

四、情境认知与泛在教育的结合

对学生开展的各类教育是一个有规律可循的过程,实施教育要遵循实际情况,有针对性、有目标地进行。对于大学生所开展的道德教育,要结合大学生的实际情况、知识层面和认知规律等进行。在科技飞速发展的当下,网络成为这个时代无所不涉及的必要载体,因此要充分利用网络途径,结合现实社会的实际情况,对学生开展道德教育。

(一)情境的认知是必要的形式

高校学生道德教育不可或缺的形式就是情境认知。教育活动都是在相对的情境中进行的,高校学生在和环境的相互交流进程中,知识的学习也随之建立起来,它既不是由客观所确定的,也不是随主观形成的,在进行知识学习时是交互进行的。因此,高校学生道德教育要把不同的情境纳入到教育中来。

1. 学习的意义

情境认知理论认为,活动和知识是相互共存的,因此,学习知识的进程其实是实践的主体加入到实践活动的一个进程,在这样的进程中,其他人和环境都能够对它形成一定影响,实现这个进程,实践的主体就能够产生加入实践活动的技能,这样一来实践主体的社会化素养也会得以提升。现在,高校学生进行学习实践活动的一个相当重要的平台就是社会这个大环境,由于按照现实情况来讲,虽然高校学生处在课堂之中,但是他们的心可能会在互联网之中,因此,高校学生积极学习这种行为的产生,也要有与之相配合的文化背景和活动情境。

2. 学习的实际方式

情境认知理论认为,高校学生的学习活动要在他们真实的生活环境中展开,唯有将其和高校学生的现实环境结合在一起,才能使学习实践活动取得切实的成效。处在大数据环境中,现实社会中的高校学生都有着不一样的文化背景和目的、信仰以及道德水平等,但是处在互联网这个大环境中,一些兴趣爱好和认知相同的人聚集在了一起,一个巨大的网络团体也随之产生,这样一来也严重影响到了高校学生的道德实践与道德认知。高校学生在自身所营造的网络之中,都有着自己的角色和交际圈,因此他们自己在参加网络实践的进程中,不但获取也传播了一些他们自己所允许的资讯,在这个进程中,他们自己也影响到了这个圈子,这样一来高校学生和网络团体也在逐渐互相作用和影响。

3. 教师身处的位置

情境认知理论认为,在进行学习时,教师是学习者进行学习的指引者、推进者和参加者以及合作者,教师为学生供给真实的学习场景,创建学习架构,熟悉学习者原有的知识经验,督促学习者借助他们在社会和物理这个环境下去构建知识与含义,增进学习者全面素养与综合能力的发展,这就是他们所起到的作用。教师要和学习者一起去承担责任,一起去做出决断,互相体谅。这和大数据时代给教育带来的变革正好是吻合的。

(二)未来教育的趋势是泛在教育

高校学生道德教育的未来趋势就是泛在教育,"普遍存在、无所不在"的教育讲的就是泛在教育。随着物联网、自媒体、云计算以及平板电脑的出现,泛在教育也有了开展的基础。现在,高校学子借助移动网络和无线网络以及个人可携带装备,能够和所有地方的所有人进行连接,因此他们也更加期盼,可以随时随地运用自己的装备和他们所需要的网络进行连接,展开生活和娱乐以及学习等活动。

1. 高校学生的成长世界

现在的高校学生一般都是和网络的发展一起成长的,他们是在现实环境与网络环境中同时生活的人。人一出生就在现实环境中接受着教育,父母的以身作则和生活场景的感染,伴随着年龄的不断增长,他们也开始接受学校教育,他们从幼儿教育开始到小学教育、中学教育一直到大学教育,在走进社会之后,又开始接受到社会教育的熏陶,即便自己并没有意识到自身是处在被教育者的角色中。在这个过程中,他们还同时接受网络环境的教育。或许一个幼儿在还没有进入学校学习时,已经开始使用移动设备,无时不在的网络环境使得网络教育比他们的学校教育来地还要早得多,在这个现实情形之下,针对高校学子的道德教育一定要采取相应措施。

2. 学习地点的泛在

学习者的生存时间和空间中,平常生活占主要部分,每一个学习者都有属于自己的生活方式、生活习惯、活动场所,因此每个人的人生经历以及发展道路也会有所不同。其实这一切都是高校学生针对自己发展的需求、客观社会以及自然因素限制所产生的结果。生活时空之中,全部教育活动都属于个体的日常生活活动。社会之中的所有人无时无刻不在进行着学习,因此高校学生总是处在学习的时空中,不管他是处在课堂之中或是课堂之外。处在学习这个大环境之中,学习就是高校学生活动的直接体现,老师的教育活动是主要的活动所在,主要的教育场所就是教室,完成教育活动的辅助元素就是教室之中的所有设施和设备。除了这些之外,我们通常把脱离学校的教育教学称之为社会教育。而它不同于学校教育,所有的教育内容都是事先准备好的,它的内容更广泛,甚至面向所有人群,在这个过程中学习者可以和其他学习者共同交流。现如今信息飞速发展,不管学习者正位于或将要去任何时空,始终都离不开网络时空,而且任何时间都受到网络影响,并从中收获到大量有用信息。

(三)情境认知与泛在教育有机结合

在大学生道德教育中将情境认知与泛在教育有机结合起来,需要注意以下三个方面。

1. 为学生创造合适的教育平台

在无处不在的网络时代,到处充斥的尖端科技都离不开网络的支持,这些高科技包括有高端的电脑设备以及网络连接等,并使之有机地结合在一起,这些硬件设备为学生更好地接受教育提供了有力支持,同时也为学生提供了更多的选择。因此,在对学生实施道德教育时,要真正从学生的实际情况出发,从硬件器材、学习资料等方面找到最适合学生的,做到以学生的学习为主,并在具体过程中不断完善。

2. 为学生传递各种有关信息

在对学生进行教育时,要通过学生对所传递知识的接受情况判断学生的现实状态,经过正确的研判之后,再采取及时有效的教育方式。在信息社会,学生接收信息的途径来自方方面面,并且不断地在现实和网络虚拟空间切换,从而形成多维的思想环境。正是在这种环境中的形成,帮助教育实施者不断更正和修订自己的教育规划,并使之日益完善健全。在这个网络时代,现实与网络的结合,给了接受教育的学生更加广阔的学习空间,这些充斥在学习者思维中的各种各样信息,传递给他们不计其数的道德教育元素,这些元素汇聚在一起,逐渐影响学生对道德教育的总体认知,从而形成一定模式的行为特点。教育的实施者会充分利用这一点,在对学生进行总结的基础上,因人而异,因材施教,对不同的接受人群传递不同的教育信息,开展不同的教育。

3. 对学生的学习结果给予客观评价

多种形式的道德教育结合多样化的教学环境,能够给予学生最好的教育效果。在对学生实施教育之后,教育者还要及时对教育的成果进行验证,验证的最佳形式是对学生所接受的教育结果进行收集,这些结果包含多个方面,如学生在学习过程中的表现、与其他人之间的互动、个人在自己个性的构成要素方面所发生的潜移默化变化,以及其他因素所发生的变化等。教育实施者再对所收集到的各类信息进行汇总、分析之后,对教育的实施过程中各个方面进行重点阐述,对所取得的成果进行客观评价,以不断修订完善此前所制定的教育总体规划和最终目标。

第四章 现代语境下大学生思想政治教育队伍建设创新

第一节 大学生思想政治教育队伍的内涵

一、大学生思想政治教育队伍的构成

大学生思想政治工作队伍由专职、兼职人员共同组成。专职人员主要来源于本校教师和干部,兼职人员主要通过组织动员一些教师、高年级大学生、研究生来担任。专兼结合的大学生思想政治教育队伍基本结构,是我国高校思想政治教育队伍建设的优良传统,这一队伍建设的思路和格局在新中国成立初期进行初步探索,在 20 世纪 80 年代中期已经形成。1984 年 11 月,中共中央宣传部、教育部在《关于加强高等学校思想政治工作队伍建设的意见》中指出:"高等学校应配备精干的专职人员(包括党、政、工、团各系统所必须的专职人员,不包括这些系统的办事人员)作为思想政治工作队伍的骨干,以承担繁重的工作任务,并且积累经验。同时还应动员和组织一些教师、高年级大学生、研究生兼职做思想政治工作……"20 世纪 90 年代,我国提出了德育队伍的概念,大学生思想政治工作队伍即德育工作队伍,包括专职学生政工人员、"两课"(马克思主义理论课和思想政治教育课)教师和众多兼做德育工作的科任教师与党政干部。其中,学生专职思想政治工作人员和"两课"教师是德育专职教师。2000年 7 月,中共教育部党组印发的《关于进一步加强高等学校学生思想政治工作队伍建设的若干意见》中,明确指出:"高等学校学生思想政治工作人员包括专职人员和兼职人员。专职学生思想政治工作人员系学校专职从事和负责学生思想政治教育工作人员,包括学校分管学生思想政治教育工作的党委副书记,学生工作部(处)从事学生思想政治教育工作人员,院(系)党总支负责学生思想政治教育工作的副书记、团总支书记,学生政治辅导员等。专职学生思想政治工作人员应该承担"两课"或其他课程的教学及相关科研工作。兼职学生思想政治工作人员,是指从教师和品学兼优的党员研究生、高年级大学生中选拔配备的半脱产学生班主任、导师或学生政治辅导员。"可见,专职思想政治教育工作者还应当承担"两课"或其他课程教学及相关工作,高年级的大学生、研究生在当时也是思想政治教育兼职队伍成员的一部分,这是现在的队伍中没有的。

1. 校党政干部和共青团干部

学校党政干部和共青团干部是大学生思想政治教育的执行者和管理骨干。高等学校实

行党委领导下的校长负责制,党委统一领导大学生思想政治教育,对学生思想状况和思想政治教育工作状况进行分析,制订总体规划,进行全面部署和安排。校长对大学生德智体美劳全面发展负责,统筹思想政治教育与教学、科研、社会实践的关系,对思想政治教育工作进行检查评估。学校党政领导干部包括专职从事和负责大学生思想政治教育的干部,也包括学校各级党政领导和各级职能部门干部。专职从事和负责大学生思想政治教育的干部包括学校分管大学生思想政治教育工作的党委副书记,学生工作部(处)从事大学生思想政治工作的干部,院(系)党委(总支)负责大学生思想政治教育的副书记和学校各级共青团干部。党政干部和共青团干部对大学生思想政治教育进行宏观上的规划、组织和协调,以保证大学生思想政治教育的正确方向。

2.高校思想政治理论课教师

高校思想政治理论课教师承担着对大学生进行系统的马克思主义理论教育的任务,是马克思主义理论和党的路线、方针、政策的宣讲者,社会主义意识形态和精神文明的传播者,要不断提高马克思主义理论素养,提高科研能力和教学水平,做坚定的马克思主义者,做教书育人的表率。充分发挥思想政治理论课教师的作用,深入推进马克思主义中国化的最新成果进教材、进课堂、进头脑工作,帮助大学生树立正确的世界观、人生观和价值观,对于培养和造就德智体美全面发展的社会主义合格建设者和可靠接班人具有重要作用。高校哲学社会科学教师是学科的建设者和课程的实施者,是教学科研的组织者和管理者,也是校园文化的营造者和建设者,提高他们的素质对大学生的健康成长,对坚持和巩固马克思主义在意识形态领域指导地位,建立具有中国特色、中国风格、中国气派的哲学社会科学体系至关重要。

3.辅导员和班主任

辅导员和班主任是高等学校教师队伍的重要组成部分,是高等学校从事德育工作、开展大学生思想政治教育的骨干力量,也是大学生健康成长的指导者和引路人。加强辅导员和班主任队伍建设,是加强和改进大学生思想政治教育及维护高校稳定的重要组织保证和长效机制,对于全面贯彻党的教育方针,把大学生思想政治教育的各项任务落到实处,具有十分重要的意义。要从战略和全局的高度,充分认识新形势下加强辅导员和班主任队伍建设的特殊重要性和紧迫性。

4.广大教职工

广大教职员工都负有对大学生进行思想政治教育的重要责任。要制定完善有关规定和政策,明确职责任务和考核办法,形成教书育人、管理育人、服务育人的良好氛围和工作格局。教师要提高师德和业务水平,爱岗敬业,教书育人,为人师表,以良好的思想政治素质和道德风范影响和教育学生。学校管理工作要体现育人导向,把严格日常管理与引导大学生遵纪守法、养成良好行为习惯结合起来。后勤服务人员要努力搞好后勤保障工作,为大学生办实事、办好事,使大学生在优质服务中受到感染和教育。

二、大学生思想政治教育队伍的特点

大学生思想政治教育队伍建设旨在加强和改进大学生思想政治教育,具有明确的目的性、较强的综合性、突出的专业性和深刻的实践性等特点。

1. 明确的目的性

作为承担大学生思想政治教育主要力量的大学生思想政治教育队伍,其队伍建设的主要目的就是要促进大学生思想政治水平的提高,培养德育为先、德智体美劳全面发展的中国特色社会主义事业的合格建设者和可靠接班人。大学生思想政治教育队伍建设紧紧围绕这一目的展开,只有通过队伍建设,才能切实提高队伍成员的素质、能力和工作效率,更有效地教育和影响大学生,解决部分大学生中存在的政治信仰迷茫、理想信念模糊、价值取向扭曲、诚信意识薄弱、社会责任感缺乏、艰苦奋斗精神淡化、团结协作观念较差、心理素质欠佳等问题,从而提升大学生的政治素养、思想水平和心理素质,促进大学生全面发展,为中国特色社会主义事业培养坚实的后备力量。

2. 较强的综合性

就大学生思想政治教育三支队伍,即学校党政干部和共青团干部、思想政治教育理论课教师和哲学社会科学课教师、辅导员和班主任来说,开展大学生思想政治教育工作,任何一支队伍单兵作战都是不科学的,不能达到思想政治教育的综合效果。因此,大学生思想政治教育队伍建设的综合性首先就是指三支主体队伍职能的综合性。在队伍建设的过程中,要充分考虑到各队伍的优势和不足,进行资源合理优化配置,促进三支队伍相互配合、相互作用,形成大学生思想政治教育的强大合力。此外,大学生思想政治教育队伍建设的综合性表现在队伍建设所依托学科理论的综合性上。队伍建设要在马克思主义指导下以思想政治教育为核心学科依托,但是仅仅掌握思想政治教育学科的理论是远远不能适应大学生思想政治教育的发展和需要的,这就要求综合其他相关学科,例如教育学、心理学、政治学、社会学、伦理学、管理学、组织行为学的相关理论,综合进行。

3. 突出的专业性

大学生思想政治教育队伍建设的专业性主要表现在队伍成员的政治素养和角色定位方面,一方面,队伍成员具有较高的政治素养。高校思想政治教育队伍承担着宣传马克思主义理论和党的路线方针政策,传播社会主义意识形态和精神文明,用马克思主义中国化的最新理论成果武装大学生、用优秀文化培育大学生的主要任务。这就要求他们必须具有坚定正确的政治方向,必须有坚定的理想信念。思想政治理论课"新任教师原则上应是中国共产党党员,在事关政治原则、政治立场和政治方向问题上不能与党中央保持一致的,不得从事思想政治理论课教学"。另一方面,队伍成员具有明确的角色定位。学校党政干部和共青团干部是负责领导、组织、协调的宏观把握工作的;思想政治理论课教师和哲学社会科学课教师是负责对基本理论、知识的传递和培养的,是一种显性教育;而辅导员和班主任主要负责日常的思想政治教育工作,在对学生活动的组织中、生活的关怀中、就业的指导中展开工作,产生一种潜移默化地影响。明确角色定位,才能明确工作职责范围,做到术业有专攻。

4. 深刻的实践性

实践的观点是马克思主义首要的和基本的观点,实践是认识的基础,是认识的来源,实践是检验认识正确与否的唯一标准。大学生思想政治教育队伍建设是在深刻的实践基础上进行的活动。

（1）队伍建设来源于实践。正是由于大学生思想政治教育实践的不断发展，与之相适应才产生了大学生思想政治教育队伍建设。

（2）队伍建设服务于实践。大学生思想政治教育队伍建设的直接目的就是更好地服务于大学生思想政治教育的实践，从而增强教育的实效性，切实提高大学生的思想政治水平。

（3）队伍建设接受实践的检验。大学生思想政治教育队伍理论建设的成效如何，不是由队伍成员主观来评判的，最终还是要由思想政治教育的实践来检验。

（4）大学生思想政治教育队伍活动本身就是一种实践。党政团干部的决策实施工作是实践，思想政治理论和哲学社会科学课教师的教学活动也是实践，而辅导员和班主任作为日常思想政治教育的骨干，经常与学生沟通交流，开展各类活动，他们的工作更是一种实践。

三、大学生思想政治教育队伍建设的基本内容

大学生思想政治教育队伍是大学生思想政治教育工作的主体，是加强和改进大学生思想政治教育的组织保证和人力基础。应该从思想、组织、业务、作风和制度等方面对其进行系统建设。

1. 思想建设

大学生思想政治教育队伍思想素质的水平影响大学生思想政治教育的实际效果。其思想建设的重点是坚持科学的指导思想，加强理论学习和社会实践，通过外部灌输和自我修养，提升思想水平。坚持以中国特色社会主义理论为指导，坚定中国特色社会主义制度自信、道路自信和理论自信，坚定社会主义办学方向，坚决拥护中国共产党的领导，坚持以人为本，在工作中做到"育人为本，德育为先"。

2. 组织建设

组织机构健全、配备人员充足、结构合理的队伍是做好工作的基础和前提。大学生思想政治教育队伍组织建设要按照专职为主、专兼结合、数量充足、相对稳定、合理流动、团结高效的原则，做好各类人员的选聘、培养和管理工作，对人才资源进行合理有效的配置，充分发挥党政干部和共青团干部的组织、协调和领导作用，保证大学生思想政治教育队伍后继有人，保持队伍的延续性。

3. 业务建设

业务素质是思想政治教育者有效开展思想政治教育工作的基本条件。这支队伍是否具备精湛的业务能力，是高校思想政治教育能否有效开展的关键因素。业务建设主要是要加强对队伍成员的培养培训，采用脱产学习、岗位轮换、出国学习考察、挂职锻炼、参加社会实践活动等形式，切实提高队伍成员的实际水平和工作能力，提高他们的语言表达能力、处理危机能力、随机应变能力、教学科研能力等。

4. 作风建设

大学生思想政治教育队伍要坚持解放思想、实事求是、理论联系实际,本着贴近实际、贴近生活、贴近学生的原则,经过有组织的教育、培养、锻炼、管理和加强自身的修养,使整个大学生思想政治教育队伍在日常的工作、学习和生活中,形成正确的思想作风、积极向上的学风、扎实的工作作风和良好的生活作风。

5. 制度建设

制度建设是带有根本性、全局性、稳定性和长期性的问题,要制定和完善适应大学生思想政治教育队伍建设和发展的各项法律法规、方针政策和规章制度体系,全面规范和指导大学生思想政治教育队伍建设工作,使大学生思想政治教育队伍的选拔、培训、管理、激励和保障等建设工作,有法可依、有章可循,形成长效机制,实现大学生思想政治教育队伍建设工作的制度化、规范化和科学化。

第二节　大学生思想政治教育队伍建设的现状

近年来,党和国家高度重视大学生思想政治教育队伍建设工作,从队伍构成、定位、分工、政策保障及培养培训等方面探索创新队伍建设的新格局,推动了大学生思想政治教育队伍建设的稳步发展。

一、明确了队伍的构成、定位和分工

高等学校思想政治理论课教师是马克思主义理论和党的路线方针政策的宣讲者,社会主义意识形态和精神文明的传播者,要不断提高马克思主义理论素养,提高科研能力和教学水平,做坚定的马克思主义者,做教书育人的表率,做大学生健康成长的指导者和引路人。思想政治理论课教师必须坚持正确的政治方向,热爱马克思主义理论教育事业,具有良好的思想品德,有扎实的马克思主义理论基础和相应的教学水平、科研能力。新任教师原则上应是中国共产党党员,具备相关专业硕士以上学位,工作期间应兼职从事班主任或辅导员工作。在事关政治原则、政治立场和政治方向问题上不能与党中央保持一致的,不得从事思想政治理论课教学工作。对思想政治理论课教师的定位,从 20 世纪 80 年代“是塑造学生思想灵魂的工程师,是宣传科学共产主义的战士”发展为“党的理论、路线、方针、政策的宣讲者,大学生健康成长的指导者和引路人”,对其角色定位更加准确全面。目前,高校思想政治理论课教师队伍教师准入资格的高要求,如必须具有硕士学位,必须是共产党员等条件的要求,表明高校思想政治理论课教师队伍素质要求越来越严格的趋势。而将哲学社会科学队伍纳入大学生思想政治教育主体,不仅扩大了队伍,充实了力量,也进一步提升了高校思想政治教育队伍的层次和水平。

辅导员和班主任是大学生思想政治教育队伍的主体,是大学生思想政治教育的骨干力量。辅导员按照党委的部署有针对性地开展思想政治教育活动,班主任负有在思想、学习和生活等方面指导学生的职责。

总之,大学生思想政治教育队伍的构成、定位和分工的明确,为队伍建设的科学化和有序化奠定了基础。

二、完善了队伍建设的政策保障

近年来,党中央高度重视繁荣和发展哲学社会科学工作,加强思想政治理论课教师队伍建设工作,使这支主体队伍建设也取得了长足的发展。2017 年 11 月 20 日,在习近平总书记主持召开十九届中央全面深化改革领导小组第一次会议上,审核通过了《全面深化新时代教师队伍建设改革的意见》(以下简称《意见》),并于 2018 年 1 月 31 日正式发布,该《意见》以习近平新时代中国特色社会主义思想为指引,准确对标新时代要求,紧扣教育发展和教师队伍建设的主要矛盾,描绘了新时代教师队伍建设的宏伟画卷,指明了新时代教师队伍建设改革的方向,从师德建设、培养培训、管理改革、教师待遇、保障措施等方面提出了一系列建设高素质教师队伍的政策举措。

第三节 加强大学生思想政治教育队伍建设创新的策略

近年来,大学生思想政治教育队伍建设取得了长足发展,在培养社会主义合格建设者和可靠接班人方面发挥了重要作用。但是,大学生思想政治教育队伍建设是一项长期的工作,必须随着社会发展、大学生思想政治教育目标任务的变化不断加强和改进。

一、坚持科学的指导思想

思想政治教育是党的优良传统和政治优势,高等学校思想政治教育的根本任务是服务于培养全面发展的社会主义合格建设者和可靠接班人的根本目标。思想政治教育具有鲜明的阶级性和政治性。高校思想政治教育队伍承担着宣传马克思主义理论和党的路线方针政策,传播社会主义意识形态和精神文明,用马克思主义中国化的最新理论成果武装大学生、用优秀文化培育大学生等方面的主要任务。这就要求他们必须具有坚定正确的政治方向,必须有坚定的理想信念。只有如此,他们才能在政治上指导和引导学生,才能培育大学生坚定的政治信仰和爱国主义情怀,才能指引大学生健康成长。大学生思想政治教育队伍建设首先是要坚持正确的政治方向,要始终坚持以习近平新时代中国特色社会主义思想为指导,坚持思想政治教育为建设中国特色社会主义服务。

二、促进队伍建设的专业化和职业化

专兼结合的大学生思想政治教育队伍基本结构,是我国高校思想政治教育队伍建设的优良传统,这一思路在 20 世纪 80 年代中期就已经形成。大学生思想政治教育队伍应由精干的专职人员和兼职人员组成,其中以专职人员为主,兼职人员为辅,构建合理的专兼队伍结构。正是由于党和政府坚持专兼结合的原则,才使得高校思想政治教育队伍不断发展壮大,结构不断优化,也才使得全员育人、全过程育人、全方位育人的工作思路在实际工作中得到贯彻落实。

我们可以采取以下措施促进大学生思想政治教育队伍建设的专业化和职业化。

(一)培养培训

1. 培训内容

培训的内容主要包括对大学生思想政治教育队伍成员的思想政治素养的培训,思想政治教育专业理论知识的培训,社会学、心理学、教育学、管理学等相关专业知识的培训及相关能力素质的培训。重点是对队伍成员政治素养的培训。还应该进行对大学生思想政治教育队伍工作方式方法创新的培训,引导他们树立运用新方法的意识,培育他们合理采用新方法的技能。

2. 培训形式

培训的形式可以采取岗前培训、日常培训、专题培训、学历培训和骨干培训等形式。要突出学历培训和骨干培训。学历培训一般是指对已经从事工作的队伍人员进行统一规划和安排,选送他们去攻读硕士学位或者博士学位,学成归来再继续回到原岗位参加工作,培育思想政治教育方面的专家和学者。骨干培训是指为了保证队伍的稳定性,选择一些表现突出的骨干力量进行社会实践、挂职锻炼及国内国外的各种培训,培育一批教育能手。

3. 完善培训保障机制

要重视精品教材和课程建设,积极吸收国内外优秀研究成果和实践经验,逐步建立科学合理、绩效突出,以理论学习、技能训练和案例教学为重点的培训教材和课程体系;要继续建立健全思想政治教育队伍人才培养基地,保障大学生思想政治教育者定期系统培训的实现;建立对培训结果相应的考核制度,培训最终的目的是要提高队伍成员的素质,不能简单上上课、开开会就算结束,在培训结束以后要检验培训实际效果。可以把队伍成员的培训作为其评优评奖、待遇和职称变化的一个标准,以激发他们参加培训的自觉性和积极性。

(二)以辅导员队伍建设为重点

作为大学生思想政治教育队伍之一的辅导员队伍,是大学生思想政治教育的骨干力量,保证辅导员队伍建设的专业化和职业化,必将促进整个队伍专业化和职业化的发展,保持队伍稳定。

1. 设立辅导员专业

促进大学生思想政治教育队伍建设的专业化,不仅要继续深化原有学科专业发展,而且要适应新的实践需求创建辅导员专业,促进辅导学科发展。教育部可以结合当前高校学生思想政治教育工作的实际需要和辅导员队伍建设未来发展需求,将辅导员学科作为思想政治教育的一个分支学科,在原来思想政治教育专业二级学科的基础上,创建能培养具备高水平理论素养和实践能力的高校辅导员专业,进行统一的招生培养,为专业化的辅导员队伍建设提供坚实的后备力量。辅导员专业的设立,将更有针对性、实质性地提升辅导员队伍的专业化和职业化水平,为大学生思想政治教育工作队伍的建设,尤其是辅导员队伍工作的开展提供强大的专业学科支撑和组织保证。

2．做好合理分流

未来辅导员队伍如果不能做到合理分流，必将影响这支队伍工作的积极性和创造力，高校应建立多个职业发展渠道，允许不同的人有不同的发展方向，让专职辅导员看到自己的职业前景。

(1)培养一部分科研能力突出，具备敏锐科研思维能力的辅导员成为思想政治教育专家。鼓励一部分善于管理学生事务、善于疏解学生心理问题，能够创新性地开展大学生主题教育活动的辅导员，继续从事辅导员工作，把辅导员工作当作自己的终身职业来对待。

(2)一部分具备行政管理能力的辅导员，可以推荐其在学校机关部门工作，发挥其行政管理能力。这样各展其能，让他们在工作中获得最大的积极性和成就感，就能更科学、更有效、更全面地引导辅导员的工作，有利于形成辅导员队伍的长效发展机制。

总之，让辅导员这个角色成为人才成长和发展的平台，更让辅导员成为一种职业，促进整个队伍建设的稳定性。

三、促进队伍建设的制度化和规范化

建立科学化的体制机制，将思想政治教育骨干队伍纳入教师队伍建设的总体规划，并出台系列配套政策，建立健全选配机制、考核机制和动力机制，形成思想政治教育人才脱颖而出的良好局面。

(一)建立健全选聘机制

1．按要求配备队伍

扩大人数规模，按照国家相关文件的要求来配备思想政治教育人员。思想政治理论课专任教师要总体上按不低于师生 1:350～400 的比例配备，专职辅导员和学生按 1:200 甚至更高的比例来配备，保证每个院系、班级都有相应数量的专职辅导员。要以优厚的待遇和人文关怀为招聘条件，最大限度和最广范围地吸引有意愿者积极加入到队伍中来。

2．严格选聘标准

规范选拔标准，按照政治强、业务精、纪律严、作风正的要求，坚持专兼结合的原则进行选拔。政治强是指队伍成员要具备的首要素质就是政治素质，必须有坚定的政治信念，拥护党的领导，这就要求队伍成员最好是中共党员。业务精是指必须掌握开展思想政治教育工作的相关专业知识和能力素质，如语言表达能力、危机处理、应变能力等。纪律严是指大学生思想政治教育队伍要遵守严格的制度规范，有严明的工作纪律，以此来规范自身行为。作风正是要求队伍成员具有实事求是的作风、密切联系学生的作风、民主公正的作风，树立良好的形象。

3．完善选拔程序

完善选拔程序，包括笔试、面试、试用等环节。以辅导员的选拔为例，笔试的内容包括与大学生思想政治教育队伍相关知识的运用程度。面试主要是对应聘者的能力进行考察，测试他们的职业能力、应对突发事件的能力、心理承受能力及语言表达能力。然后对拟录取者进行试用,根据其实际表现及学生反映进行综合评判。试用期间实行双向选择和淘汰机制。

(二)建立健全考核机制

由于大学生思想政治教育工作的复杂性和特殊性,学校必须制定出一套符合实际、行之有效的考核机制来进行考核。从考核主体来看,应该全面考虑多方面的因素。其主体包括学生、队伍成员自己、同事及上级部门,对队伍成员进行学生评议、个人自评、院系考核、职能部门考核和同级互评,然后综合所有考核人员意见,得出最后考核成绩。从考核内容来说,包括对队伍成员的素质考评,即考察他们的政治、思想、作风、道德等素质;能力考核,即实际分析问题和解决问题的能力,组织协调、教学及科研能力;工作绩效,即考核队伍成员的工作数量、出勤、学生实际思想水平情况等。从考核的方法来说,首先,应该坚持定性与定量相结合的方法,根据队伍成员的实际工作特点,对其素质和能力方面进行定性考核,对工作业绩等进行定量考核,要尽量把考核标准量化转化成为可以直接或者明确反映其工作业绩的可操作性的标准。其次,要坚持过程考核和结果考核相结合,结果考核主要考察队伍成员岗位职责完成情况和工作业绩,过程考核主要是看队伍成员平时的工作状态和表现,是一个动态的过程。最后,要将考核结果与奖惩相结合,对优秀的队伍成员进行表扬奖励,对于考核不合格的应予以批评、提醒,严重不合格者要考虑调离工作岗位或者解聘。

(三)建立健全动力机制

动力机制即激励机制,建立健全的激励机制能够有效提升队伍成员工作的积极性和主动性,营造公平和谐的工作环境。

(1)要帮助大学生思想政治教育队伍成员认识和评价自身工作的价值,对所从事的工作产生认同感,能从工作上得到满足和成就,这是解决动力不足问题的关键。

(2)要将物质激励与精神激励结合起来。物质激励就是要为大学生思想政治教育队伍成员提供良好的工作环境,提高工作水平和福利待遇,对超负荷的工作要给予补贴,对表现突出的人员进行物质嘉奖。精神激励要通过表彰、授予荣誉称号、提供培训、晋升机会,解决个人发展问题来进行,主要是对队伍成员尊重、成就和自我价值的满足。

(3)坚持正激励和负激励并重,对表现优秀的人员要给予及时的奖励,对消极怠工、工作不佳的人员要进行警告,必要时进行一定的惩罚。这就需要健全淘汰机制,对于不能胜任工作的人员及违反纪律、犯错误的人员予以警告、记过、辞退等。就辅导员队伍建设来说,要继续完善教育部人文社会科学研究项目辅导员专项课题及高校哲学社会科学辅导员专项研究;设立辅导员科研基金、规范科研项目管理、完善科研条件保障机制等。

四、增进交流合作以实现主渠道和主阵地的有机统一

习近平总书记在全国高校思想政治工作会议上指出,高校思想政治工作关系高校培养什么样的人、如何培养人以及为谁培养人这个根本问题。要坚持把立德树人作为中心环节,把思想政治工作贯穿教育教学全过程,实现全程育人、全方位育人,努力开创我国高等教育事业发展新局面。

大学生思想政治教育包括思想政治理论教育和日常思想政治教育两个重要方面。思想政治教育理论课是大学生思想政治教育的主渠道,思想政治理论课教师是主要教育主体,而

日常思想政治教育是大学生思想政治教育的主阵地,大学生日常思想政治工作主要是指师生交流、职业生涯规划指导、学术活动、社会实践活动、心理健康教育咨询、学生社团活动、党团活动、校园网络等教育形式和途径。日常思想政治教育主要是由党政干部和共青团干部、辅导员和班主任开展的思想政治教育活动,辅导员是日常思想政治教育主阵地上的基层指挥员。主渠道和主阵地是相互配合、相互补充的,两者有机统一于思想政治教育实践中。首先,思想政治教育理论课具有明确的教学目标、系统的教学内容和完整的教学计划,日常思想政治教育可以按照大学生成长成才的规律,安排教育内容,构建起完整的日常思想政治教育体系,在内容的选择上要围绕理论课讲授内容进行,实现双方在内容上的衔接。在工作的方式方法上,思想政治理论课教学在讲授和灌输的基础上,也要借鉴一些日常思想政治教育的形式,如利用网络教学、带领学生参加社会实践活动等,以激发学生兴趣,提高课堂教学质量。这都需要思想政治理论课教师与其他两支队伍尤其是辅导员队伍进行有效沟通和配合,形成思想政治教育的强大合力。其次,要为合力育人搭建平台,成立课题研究小组,共同组建课题研究团队。课题小组通过“实践—理论—实践”的良性循环模式,形成合力,提升大学生思想政治教育效果。最后,进行必要的岗位轮换,学校党政干部、共青团干部的工作不应仅仅停留在发通知、发文件、开会、考核这些层面上,必要时可以深入学生工作第一线,担任学生的兼职辅导员、班主任或者是兼职学生党支部、团支部书记等;而优秀辅导员和班主任则可以兼职教授大学生思想政治理论课,同样,思想政治理论课和哲学社会科学课教师也可兼职做学生的班主任和辅导员。

需要注意的是,大学生思想政治教育队伍相互配合,形成合力,是要建立在明确队伍职责的基础上,并不是职能的混乱和无序。各主体队伍首先要明确自身职责,才能真正达到职能的互补与合作。

五、全面提高队伍素质

思想政治教育工作者素质,是指思想政治教育工作人员必须具备的思想、政治、品德、知识、能力、心理等各方面基本条件的总和。大学生思想政治教育工作者应该具备以下基本素质:政治素质,即在事关政治原则、政治立场和政治方向的问题上与党中央保持一致,具有较高的政治理论水平、政策水平和优良的政治品质;思想素质,即具有辩证唯物主义和历史唯物主义世界观,正确的人生观,优良的思想方法和工作作风;道德素质,即具有无私奉献精神,高度负责精神,民主平等精神,以身作则的品格,在道德人格心灵境界和情操等方面成为学生的楷模;法律素质,即具有现代的明确的法律意识和理性精神,了解掌握基本的法律常识,并能在工作和实践中依法办事;智能素质,即具有扎实系统的理论知识、文化知识和专业知识及运用于工作实际的各种技能和艺术;心理素质,即具有广泛的兴趣、优良的性格、真诚的情感和良好的自制力等;创新素质,即主要包括竞争和创新意识、独立性和创造性思维、开拓和创新的能力等。

第五章 现代语境下大学生思想政治教育载体创新

第一节 思想政治教育载体的内涵

一、思想政治教育载体的含义与分类

"思想政治教育载体"是在20世纪90年代被引入思想政治教育领域的,对这一概念的解读,就离不开对当下大学教育的解读。思想政治教育载体是指在整个教育过程中通过对思想政治教育信息、教育内容的承载和传导而采取的形式和手段。通过有组织、有计划,带有当下时代精神和国家需要来开展的有目的的教育活动,通过教育过程,在教育主体与教育客体之间联动的各种思想政治教育因素,是教育过程中客观存在的各种教育物质表现和精神寄托。

思想政治教育载体,按照不同的标准可以分为不同的类型,从不同的角度来看,根据教育渠道的不同可分为学校教育载体、家庭教育载体和社会教育载体;根据表现形式不同可分为显性教育载体与隐性教育载体;从时间纬度来看,可分为传统思想政治教育载体和现代思想政治教育载体等。

二、思想政治教育载体的类型特征

从古至今,思想政治教育都是一个系统工程,整个工程中蕴含了各个要素之间的互相联系、互相作用。在思想政治教育过程中,主体、客体、介体、环体等多个要素紧密相连,互相制约、依赖,各要素又是通过一定的形式承载方式来进行连接,思想政治教育载体就是各要素的枢纽,在今天的大学生思想政治教育活动过程中,教育主体、客体之间都要通过思想政治教育载体来连接,来达到传递教育内容、教育原则的目的。新形势下,各种要素发生了变化,要对思想政治教育过程的各个要素进行调控和创新,也就是要使思想政治教育过程的各要素协调互动,从而使思想政治教育产生更大的效益。

在以下的研究中我们根据载体的基本形态和存在方式分为语言载体、文化载体、活动载体、管理载体、传媒载体、网络载体方面来具体分析。

(一)语言载体

语言载体,指书面语言和口头语言。语言和文化有着不可分割的关系,在文化形成过程

中,语言充当着媒介作用;在文化的发展过程中,语言又担任着记录功能;而在文化的传递过程中,语言又起着载体的作用。而语言也因为文化的发展而发展,丰富而丰富。语言和文化也都有着悠久的发展历史。

语言文字是沟通的工具,也是文化的载体。但凡社会变革强烈的时候,都对语言文字产生了冲击。文字,是人类社会所特有的沟通方式,但是对一个民族来说,文字的功能却不仅仅是沟通。

在中国革命的历程中关于语言载体的运用已经有许多实际的成效说明了它的作用。在今天,思想政治教育过程中语言载体都以不同的表现形式起着非常重要的作用。具体到高校而言,无论是在对校徽的设计解读、校训的诠释,还是名家的讲座、领导的讲话稿,甚至是老师在课堂上生动的课堂语言及谆谆教诲等,都在对受教育者以心理的震撼和感化。同时它也以不同的姿态出现在今天大学生思想政治教育活动中,比如各种各样的论坛、演讲比赛,甚至在大学生就业面试活动中……起到春风化雨、"润物细无声"的教育作用。

(二)文化载体

文化是一个非常复杂的概念,据统计各方面的研究学者结合其各自的研究领域已经有了一百多种定义。对文化的结构,有各种不同的分类:两分说——物质文化和精神文化;三层次说——物质、制度、精神;四层次说——物质、制度、风俗习惯、思想与价值;六大子系统说——物质、社会关系、精神、艺术、语言符号、风俗习惯等。

无论是哪种理论,都体现了文化的核心是人,揭示了其对人的思想教育的重要性。在这里,结合当下大学生思想政治教育实际,我们从物质文化、制度文化、行为文化、心态文化等方面来对文化载体进行剖析。

1. 物质文化

大学校园的物质文化是一种直观性的文化,在大学生思想政治教育中它直接表现出施教者和受教者所处的文化氛围,有很强的直观性。既包括校园环境中的各种校园建筑,比如科研楼、学生宿舍、教学大楼、图书馆、实验楼、体育场馆等硬件建设,也包括其中的图书馆馆藏资料建设、校园网络建设等软件建设,是一种物质的客观存在,它也蕴含着很多浓郁的文化特征。随着现代大学教育的普及和办学规模的扩张,很多学校都很注重物质建设,注重新校区建设的整体规划设计,设计中体现教育环境的协调性、注重中国传统文化的天人合一思想,同时在设计中体现现代文明的人文关怀,在校园环境绿化、道路设计、公寓设计、实施设备采购等方面体现人性化设计,通过对大学物质文化的建设,对育人环境和育人氛围的营造来达到环境育人的目的,除了反映大学办学的综合实力,也蕴含整个大学的人文精神,通过实实在在的物质存在,来传递办学的理念和办学思路。通过优秀的校园物质文化建设,使之有着丰富多彩的内容和表现形式,主要的效果不仅使学校教职工长期处在一个积极向上的文化氛围之中,给社会一个良好的学校品牌形象,还要充分发挥其强大的教育、导向、凝聚、激励、约束、辐射等功能。

如今开展得如火如荼的名校校园旅游就从一个侧面反映出校园物质文化建设的重要。校园旅游的开发不仅能反映出各自不同的校园环境,还能体现学校的人文精神。校园环境如水木清华、山水武大等。人文精神如清华的"自强不息,厚德载物"、北大的"思想自由,兼容并包"、人大的"人民、人本、人文"、南开的"爱国、敬业、创新、乐群"等方面。高校也是社会公共教育资源,在培养本校学生的同时,还承担一定的社会教育任务,让校外人士感受、体验其科学、人文氛围,既是高校对社会的一种回报方式,也是提高自身声誉的有效途径。为学校与社会互通架起了沟通的桥梁。

2. 制度文化

制度文化,是指人们在社会实践中建立的规范自身行为和调节相互关系的准则。就大学来说,高校制度文化介于物质文化和精神文化之间,主要指学校管理制定的各种规章制度(如人事、教学、科研、后勤保障等),也涉及为保证学校正常运行的组织形态,群体行为规范而制定的各种管理规定(如学生守则、宿舍管理规定等),以及所建构的激励环境与和谐氛围。高校的制度文化既是赋予学校活力并反映了学校历史传统、校园意志、特征面貌,是高校精神文化的物化形式,同时也是大学精神文化的培养与成长的过程体现;传承与变革也有赖于高校制度文化的理性引导,一种优秀的制度文化能充分调动教职员工的积极性和能动性,并对学校各项建设事业发展具有导向作用;对有悖于教育事业健康发展的价值取向、道德标准和行为规范具有自我调节和免疫功能。

制度文化通过其独有的激励机制让教育主体与教育课题不由自主地激发出潜能和激情,使学校发展得到良性循环。一种成熟、高效的制度文化建设具有教育功能,规范健全的各项规章制度,规范着师生员工的一言一行,为他们的品质行为、人格的自我评定提供了内在尺度,对师生的品德行为具有规范和约束作用。有什么样的规范就会形成和强化什么样的人生观、道德观、价值观。建立和谐、严谨、统一的规范体系意味着从教学、科研、学习、生活、娱乐、工作各个方面鼓励与学校文化发展相一致的思想行为,使其成为学校发展的文化载体的外化方式,使学校的办学理念、所倡导的价值观念变成可见的、可感的、现实的因素,渗透到管理的各个环节,充分发挥管理育人的作用。同时高校制度文化建设还具有凝聚功能,高校制度文化是全校师生共同创造的集体文化,寄寓着他们共同的理想和追求,体现了他们共同的心理意识、价值观念和文化习性。这种共同集体文化会激发每一位成员对学校办学目标准则的认同感和作为其中一员的使命感、自豪感和归属感,从而形成强烈的向心力、凝聚力和集体意识。此外,规范的高校制度文化使广大师生的言行还具有制约功能,这种规范一旦形成就会成为一种强大的调控力量,使学校的师生都能自觉地约束自己,让自己的行为符合学校的规范。高校制度文化对成员的这种制约功能主要通过氛围制约、环境关系、学习风气等方面来体现。

只有不断加强和推进大学制度文化建设,更新大学管理理念,将大学制度文化建设作为高水平的大学管理层面来提高认识,坚持以人为本的观念,加深对现代大学制度的理解,才能最大限度地激发每一位师生员工的创造性和积极性,才能缩短我们的大学与世界一流大学的距离,使我们的大学更好地发挥教书育人的作用,推动全社会的文明与进步。

3. 行为文化

行为文化,是指人在长期社会交往中约定俗成的习惯和风俗,它是一种社会的、集体的行为,不是个人的随心所欲。因为任何文化风俗能够长期自然地维持下去,必然反映它具有某种特定的社会功能,反映民众某种特定的心理需求。正如"风俗"是中国传统社会大众生活文化特性的词语概括,风俗具有自然与人文兼备的二重性。古代学者的风俗观关注风俗发生的地域性与政治性,对风俗的教化功能有着特别的强调。

自从人类社会步入开化以来,有人类必有俗,而有俗必有礼,礼本于俗。"俗"是社会人的习惯,而"礼"是根据社会习惯的人为制定的规范,而此规范则是由统治阶层上层建筑所统治下的知识阶层所倡导、遵循与制定者,然而不论主动与被动接受,并约定俗成,并与礼交融合济,这就是"礼俗"的本源。传统的风俗观认为风俗具有三种特性:一是风俗具有较强的伦理品性。二是风俗具有流动贯注的传习性、扩散性和凝固性。三是风俗习惯虽然难以改变,但它还是能够移易的。由此可见,在传统的道德、礼俗与教化构建的传统中国理想文化中行为文化作为一种有效载体,在人的思想政治教育中起着不可忽视的作用。当代社会是一个文化转型的时代,传统风俗观影响下的行为文化在今天的大学生思想政治教育中也起着同样重要的作用,对于当代社会的民俗文化建设以及精神文明建设仍然具有现实意义。

4. 心态文化

心态文化,是指人类在社会意识活动中孕育出来的价值观念、审美情趣和思维方式等主观因素,相当于通常所说的精神文化、社会意识等概念。这也是文化的核心。当下在对心态文化的研究更加关注现实社会风气时尚的结合,来阐释一个当代中国人应有的价值取向和行为准则。

党的十八大、十九大以来,新一届党中央站在战略的高度来思考和筹划道德建设问题。习近平总书记指出,道德是社会关系的基石,是人际和谐的基础,他强调要始终把弘扬中华民族传统美德、加强社会主义思想道德建设作为极为重要的战略任务来抓,为实现中华民族伟大复兴的中国梦提供强大精神力量和有力道德支撑。

习近平总书记指出,认真汲取中华优秀传统文化的思想精华和道德精髓,大力弘扬以爱国主义为核心的民族精神和以改革创新为核心的时代精神,深入挖掘和阐发中华优秀传统文化讲仁爱、重民本、守诚信、崇正义、尚和合、求大同的时代价值,使中华优秀传统文化成为涵养社会主义核心价值观的重要源泉。这里他提出了传统道德中值得关注的六项内容,强调要加以当代角度上的阐发和激活。

可以发现,心态文化建设在整个思想政治教育工作中是很重要的一个环节。

（三）活动载体

思想政治教育的活动载体,就是有意识地开展各种活动,将思想政治教育的内容寓于活动之中,使人们在活动的过程中受到教育,提高觉悟。

以活动为载体是思想政治教育的内在要求,也是提高思想政治教育有效性的主要方式。思想政治教育是育人,通过德的教育,为人们潜移默化地接受,促使人们外化为相应的行为,行为在实践活动中体现,思想政治教育的过程及结果都离不开实践活动,这是思想政治教育的特点所在。因此,以活动为载体,积极组织和引导人们参加各种社会活动,使人们在活动中逐渐提高思想道德素质,是促进思想政治教育顺利进行并取得较好效果的内在需要。把思想政治教育的内容融入活动中,这是教育的过程,人们在这一过程中受到感染、不知不觉接受教育,通过鉴别、淘汰、比较、判断、取舍,从而实现教育与自我教育的统一,促进教育的有效功能发挥。

(四)传播载体

传播载体指在思想政治工作中利用书籍、广播、报纸、杂志等传统方式,又通过集声、光、电于一体的歌曲、影剧、网络等大众媒介作为中介和手段,以不同的形式和风格,向人们宣传思想政治教育内容,使人民群众在接受广泛的社会信息的同时接受思想政治教育;以提高群众的思想觉悟和认识水平的一种方法。

传媒载体的特点:一是能最大限度地扩大思想政治教育的覆盖面;二是能提高思想政治教育的时效。它分为印刷传媒和电子传媒两种类型。作为思想政治工作的重要载体之一,各有其自身的特点。

印刷传媒的特点:一是数量多、复制性强。印刷媒介保存的信息量多,而且把信息变成文字记载下来,供读者随时随地阅读,并且读者可以根据自己的需要,把资料保存下来,以备需要时用。二是抽象化、规范化。印刷媒介是用文字符号,按照先后有序的组合方式表现现实,它要求读者发挥其思维能力和想象能力,去把握文字所要表达的内涵,是否把握得正确,取决于读者的文化程度和对事物进行判断推理、分析和综合的能力。三是专业优势突出。由于印刷媒介在传递信息的过程中,所表达的内容高度抽象,并且逻辑性严密,可以涵盖专业性较强的内容于其中,这是电子传媒所无法比拟的。

电子传媒的特点则体现为快速、形象。电波以每秒30万千米的速度传递着信息,并且它不需要印刷、发行等一系列中间环节。其传递速度之快是印刷媒介望而不可及的。声情并茂、视听兼备、感染力强。它有音频、视频、文字和网络图文等特征的结合以直接的感官刺激,因此比书面文字更具有感染力,涉及面广,渗透性强。电子媒介的丰富性、直观性和通俗性使人们不受文化程度、地区、民族的限制,都可以或多或少地了解、理解甚至接受传媒的内容,尽管网络媒介还受一定文化程度的影响,但是,随着我国教育文化水平的不断发展和提高,网络媒介正以惊人的速度在发展着,在未来的社会生活中,它将会以更快的速度和更广的范围影响着人们的思想和行为方式。

(五)管理载体

从现代教育学的角度看,加强管理无疑是加强思想政治教育的重要手段之一。从运作方式看,类似于文化载体中制度文化,通过管理载体,将教育思想、教育内容融合到管理活动之中。通过逐渐渗透来灌输管理理念。在工作和活动中逐渐规范人的言行、培养提高个人素质,从而调动工作积极性。

现代管理学强调的是人性化管理、人本管理,任何管理最终目的都是要解决人的思想问题,只有通过开发和激发管理对象的精神潜力和智慧潜能,才能实现通过对人、对事、对物的管理来实现管理载体的作用,比如党中央提出的创造学习型组织,就是要通过不断总结、推陈出新来强化管理载体的作用。

从法治社会的宏观社会角度看,只有将思想政治教育与管理合为一体,通过法律约束、行政干预等方式,进行有效整合,通过对人的奖惩、激励措施才能激发人的潜能,调动工作学习积极性,达到多种管理手段的有机整合,才能体现现代管理的人性化功能,实现寓教于管理的中国特色的思想政治教育工作。

(六)网络载体

20世纪80年代网络诞生后以其惊人的速度席卷全球,伴随网络技术发展的还有多媒体信息技术的发展,它和网络技术一起以巨大的声势与规模扩展到全世界,改变着人们的生活和工作。

网络最基本的表现形式可以是简单的网页、网站,但更深层次的则是蕴含在表象层面下教育思想、教育理念,包括创造网页的目的,整个网站的手段,涉及人的审美观、价值观和基本的道德观念等多方面。

三、思想政治教育载体的特征

思想政治教育载体是教育要素的物质存在,是物质的外化现象。同时也蕴含人的思想、精神寄托,它是教育主体思想活动的客观反映。作为一种人类社会现象,只有将思想寄托或依附在某种特定的载体上,才能有效开展工作。这些特点都表明了思想政治教育载体具有以下特征。

1. 客观存在性

任何形式的思想政治教育,其开展必须通过一定形式的物质基础来承载,如果没有这些物质寄托、物质基础保障,就不可能将教育观念体现出来,不能将各种道德规范、政治观点、思想理念进行有效传达。人的主观意识总是反映客观存在,并通过各种形式的教育载体表现出来,让教育客体观察和感知。思想政治教育的内容和想要达成的教育目标等,都不是随心而发的,它在存在的同时也受许多客观条件的影响,它是一定社会发展期间,根据时代诉求和所处于其中的政治生活和社会生活的人思想情况来制定的,这一切都不以人的主观意志而改变,它是客观存在的。思想政治教育载体作为教育过程的枢纽,它的存在和外化表现,都指出了它的客观性。也正是这些客观存在,才使教育过程不流于形式,使思想政治教育工作找到落脚点,使教育目的的实现成为可能。

2. 承载性

从思想政治教育载体的主要功能来分析,思想政治教育载体的承载性是显而易见的,也是其固有的本质。教育主体所传递的政治思想理念和道德规范等都是通过承载物和受载物之间的互动和承载活动的过程来表现的。他通过教育语言载体、活动载体等以传递教育思想,将这些观点、思想和理念通过承载物逐个展现在教育客体面前,使他们通过亲身感受和体验,通过交流、灌输、传播思想等来对他们的思想及行为规范产生影响,只有具备这些承载和传导功能,才能称其为具备了思想政治教育的承载特性。

3. 中介性

思想政治教育载体实际上是在开展思想政治教育活动过程中,教育主体依据一定的教育目的而采取的某种形式或手段,是通过对教育内容和教育信息的整合,使教育主体与教育客体之间发生联系、产生影响、达到目的所采取的形式、手段、物质的中介,也是联系各个思想政治教育因素之间的媒介,称之为"载体中介"。

在教育实施过程中通过特定的教育环体条件下,教育主体、教育客体之间通过教育介体联动。而联动和交往的平台就必须依靠教育载体的中介作用。教育主体通过承载了教育信息的思想政治教育载体(承载体),传递教育信息(受载体);通过教育客体的消化吸收及对信息的甄别、淘汰,内化为自身的素质和思想。而这一切由"外化"到"内化"的过程都要依靠思想政治教育载体这个媒介来实现。

4. 可操作性

思想政治教育过程的目的性要求所采取的教育手段和采取的教育载体必须具有可控性和可操作性。只有通过一系列目标明确、按计划、有组织的活动载体才能传递教育主体的教育思想,使它内化为教育客体自身的潜意识,逐渐发展为一种行为习惯。整个教育过程中,教育主体作为实际操作者,居于主导位置。只有这些教育载体具有可操作性,才能真正体现它的内在价值。反之,就会使教育流于形式,游离在教育的核心价值之外,不能完美地发挥思想政治教育的功能。

第二节　大学生思想政治教育载体的特点

思想政治教育的载体不同的类型具有不同的功能,更多的时候是多个载体形成合力,共同发挥着育人的功能。

一、大学思想政治教育中的文化载体

校园文化是学校发展的精髓和灵魂,是指导学校健康发展的方向和指南,是凝聚学校师生的力量源泉。校园文化中的物质文化建设,是校园文化建设的有形载体,它不仅是学校在发展过程中积累下来的物化形式存在的总和,也是凝聚了人的文化的物质外在形式。在校园文化建设中,物质文化建设的程度和建设的好坏直接关系到校园文化的整体水平,同时也是精神文化建设的保障和重要的载体。

中华民族的传统文化博大精深,历经磨难而绵延不绝。在多元文化背景下,大学生的思想观念发生了深刻变化,也带来这样或那样的矛盾和问题,在这种情况下,整合社会主义传统文化和追求和谐文化便成了时代的需要。在新时代的大学生思想政治教育中,我们可以借用费孝通先生关于文化自觉的观点,让大学生了解传统文化、认识传统文化、理解传统文化。充分发挥课堂、网络、讲座等方式进行系统整合的学习,发挥传统文化的魅力。让大学生在其生活的文化环境中对周围的文化有个最初的认识,明白它的来历,形成过程、特点,增强对文化转型的自主能力,培养大学生进行文化选择的自主地位,学会取其精华,吸收融会。在形成了这种文化自觉的文化意识之后,才能营造出一个各种文化和相互融合的良好氛围。

1. 校园物质文化载体

大学校园物质文化建设是学校精神文化建设的固化体现,也是大学管理团队的集体智慧、管理能力的集中体现。它体现在校园物质文明建设和精神文明建设的和谐发展,是建设和谐社会、和谐校园的具体要求。和谐、优美、整洁、蕴涵丰富人文精神的校园文化,是一所大学办学理念、办学历史、治学精神的集中体现,它可以在无形中激发学生的学习潜能,促进教育主体、教育客体的和谐发展与共同提高,激发学生的求知欲,使人积极向上。

2. 活动载体

活动载体具有较强的目的性、群众性、实践性和感染性等特点。其作用主要表现在以下几方面。

(1)具有教育作用。生动的活动实践不仅能够强化人们的爱国主义、集体主义和社会主义的意识,引导人们树立社会主义共同理想和正确的世界观、人生观和价值观,增强了人们的公民意识和社会责任感,提高了人们思想道德素质的整体水平;还能够丰富和满足人们的精神文化需求,陶冶人们的情操,提高人们的审美意识和艺术修养。因此,把教育寓于活动载体的模式是"一条途径,多种方式;一种载体,多方收效"的教育模式。

(2)具有凝聚作用。丰富多彩的活动,不仅能够吸引广大人民群众积极参加,而且能够充分调动广大干部组织、参与、领导活动的积极性和自觉性,引导活动沿着正确的轨道和方向发展,使人民群众以团结协作、满腔热情、主动创新的精神面貌,积极投入到社会主义精神文明的建设中去。实践证明,体现了群众自觉参加与干部"引导"参与相结合的活动载体,具有深厚的群众基础,能够吸引越来越多的民众。人民群众不仅是活动的参与者,而且也是活动的创造者,同时又是活动的受益者。通过活动,可以有力促进个体与个体、群体与群体之间的沟通与联系,增强全社会的凝聚力。

(3)具有建设作用。不论是活动内容由简单到丰富、由浅显到深入,还是活动方式由单一到多样、由平面到立体,这些变化过程都是一个不断满足人民群众日益增长的精神文化生活的需求的过程,是一个不断促进经济建设和改革开放的各项事业的发展的过程,是一个不断优化管理、改变环境和转变社会风气的过程。概括地说,活动过程实际上是一个建设的过程,即建设高度的社会主义物质文明和精神文明的过程。

二、大学思想政治教育中的管理载体

思想政治教育与管理之间不仅仅是紧密配合的问题,思想政治教育本身就是管理的一种体现方式。在某种意义来看,既是对思想教育管理载体理论的深化和发展,也是对思想政治教育方法理论的一种创新。思想政治工作的管理载体是把思想政治工作寓于管理工作之中,通过制定规章制度、行为规范或组织纪律来约束、规范和协调人们的行为,并在长期规范的管理中逐步养成良好的行为习惯的一种方法。管理是思想政治工作由"虚"到"实"的一个重要环节,是把一种宏观的目标化为需要人们及时完成的具体目的,并且按照一定的规程和要求去努力实现的行动。因此,对管理载体的有效应用是增强思想政治工作实效性的重要手段之一。

以管理作为大学生思想政治工作的载体,在其运行过程中有自己的特点:一是导向性。因为管理是建立在一定的机制和章程的基础之上,通过赏罚措施导向人们朝着思想政治工作的目标靠近的,因此,思想政治工作的管理机制具有较强的导向性特征。如果机制合理、健全,有章可循,管理就会既严格又和谐。反之,就会引起诸多问题和不良情绪。二是民主化。管理一般具有自上而下的特点,它通过长期严格的管理逐步培养人们良好的思想品德和行为习惯,实现由"他律"向"自律"的转变。因此,要让管理在实践中真正发挥教育引导的作用,最终还得靠受教育者的自我约束、自我控制能力的提高,这需要确立受教育者在管理过程中的主体地位,使之参与管理、协商、共同决策、自我服务,并在参与过程中增强主体意识、责任意识,以保证管理目标的顺利实现。

新时代新形势要求思想政治工作与人们的实际生活或与实际生活相关的内容联系起来,把思想政治教育渗透在人们的工作、学习和生活之中。这样,思想政治工作与管理就自然而然地走到了一起。这种结合就是通过建立健全的规章制度,规范人的行为,把思想政治工作所提倡的思想观念、道德标准融于各项管理工作中去,把思想引导与人们的行为规范结合起来,把思想政治工作的总体要求、大目标变成可以具体操作的、可以进行考评和监控的小目标,落实到人们的具体行为上,通过管理进行育人活动。

三、大学思想政治教育中的网络载体

数字化、网络化给大学生带来了前所未有的巨大信息量和方便快捷的信息传递方式,同时也深深地影响着他们的思想行为、道德品质、心理结构。互联网已成为大学生日常学习生活的一部分,许多大学生表示从互联网获取的知识和信息有时比专任教师和辅导员给予的更多。这就要求我们大学生思想政治教育工作者必须随时更新自己的信息库,尽可能多地掌握更多、更新的信息,掌握更为生动、形象的思想政治教育素材和媒介,才能在思想政治教育的实践中占据主动的地位。如何以正确、积极、健康的思想文化,进入大学生的信息流通领域,切实做到思想政治教育进网络、进学生的头脑,成为我们必须解决的问题。

目前,互联网不仅是大学生获取信息的重要渠道,而且它已成为现代学生生活的有机组成部分。在思想政治教育工作中利用好网络载体,通过正确引导、形式生动的网络活动来开展工作,使思想政治教育在网上、网下形成合力;通过对学生网络生活的关注,了解大学生的思想状况;通过网络手段,加强交流与沟通,积极开展生动活泼的网络思想政治教育活动,形成网上、网下思想政治教育的合力。要关注网上动态,及时了解大学生思想状况,加强与大学生的沟通与交流,解决他们的实际问题;互联网大大开阔了学生的视野,丰富了他们的生活,并为改善学校思想政治工作提供了技术支撑。充分利用各种现代化传播手段,如电视、网络、多媒体等。利用网络的开放性、交互性、隐蔽性和便捷性的特点,进行宣传、教育,如在教育网站建设时可以设计各种党史知识、学习理论等版块,通过对教育思想的灌输来主动占领网络阵地,把握主动权;也可以通过内容丰富、具有教育意义的英雄人物事迹、先进党员等资料,整合图书资料、多媒体音视频来丰富学生的视野;同时还可以通过一系列学生喜闻乐见的网络活动来关注大学生的热点问题,开展网络咨询、网络调查,鼓励学生积极参与;甚至可以通过网络游戏的设计来开展教育,寓教于乐。网络的隐蔽性还为我们在线解决学生心理问题、提供心理辅导提供了有效途径,如今网络党校、网络辅导员、网络心理咨询,都成为大学生网络思想教育的有力平台;微信、QQ、微博、贴吧也都成为网络思想教育的热门手段。

第三节　大学生思想政治教育载体创新的策略

一、教育载体的变化

不断变化的思想政治教育载体给教育工作者带来极大的压力,多元文化的交融,各种非马克思主义思潮不断冲击我们的教育环境;大学生所处的社会生活和与此同时带来的独特的心理现象;高等教育教学改革带来的变化都对教育的时效性提出了挑战。都要求我们不断改革教学模式、创新教育方法和途径,从单纯的理论研究的"象牙塔"中走出来,避免枯燥乏味的理论解读、加强理论联系实际,通过实践工作中的不断创新,把握时代脉搏、更加贴近生活,凝练出成功经验中的理论价值和有效方法。通过对工作流程的重新解读,来创新各个领域,将思想政治教育推进,真正体现思想政治教育的功能。

(一)多元文化的不断交融对思想政治教育载体有效性带来挑战

当今世界正处在大发展大变革大调整时期,世界多极化、经济全球化深入发展,科学技术日新月异,各种思想文化之间相互交流、相互交融、彼此交锋更加频繁,西方的政治、经济和文化的不同观念不可避免地流入中国,一些非马克思主义的思想不断冲击着我们的社会。西方国家凭借强势的经济实力,通过各种类型的载体来传播和影响我们的世界观、价值观、人生观和道德观,出现了文化霸权的倾向。我国仍处于并将长期处于社会主义初级阶段,人民日益增长的美好生活需要和不平衡不充分的发展之间的矛盾是当前社会的主要矛盾。我党已经深刻认识到社会主义先进文化是马克思主义政党思想精神上的旗帜,但如何采取有效途径、如何改进和利用各种教育载体,如何重视传统文化、社会主义核心价值观来正确引导和传播马克思主义的世界观、人生观和价值观是值得我们认真思考的问题,也是时代发展的迫切需要。

(二)现代高等教育教学改革对创新教育载体带来新的挑战

当前的高等教育改革给原有的教学管理模式带来了许多新的要求,比如在高校不断发展的过程中,高校之间的重组、合并,使原有的单一学科门类的学校,逐渐升级为多科性的大学,文理科学生之间的融通和学分制教学的推进,打破了原有的管理架构,使原有的紧密的管理变得松散。通过教学学分制和教师挂牌,虽然都增强了学生对教学课程和老师的自主选择,体现了人文关怀,但同时也打乱了传统的班级管理,弱化了教育中管理载体的功能,给思想政治教育带来挑战和难度。近年来,随着我国的高校后勤社会化改革,原有的大而全的后勤服务保障体系被打乱,社会力量办学的介入,使学生与学校之间,出现管理脱节的矛盾。学生居住的分散,弱化了班级的管理,也淡化了学生的集体感,这些都要求班主任和辅导员与团支部和班委班干之间加强联系、增加信息的交流,畅通信息反馈的渠道,通过教育载体的不断创新,如通过微群组、QQ群,开放邮箱、微博等来与学生及时有效沟通,了解他们的实际问题,解决他们的实际困难,从而进行有效监督和管理。然而,大学生的招生与就业体制改革也给大学生思想政治工作增加了难度,大学学习所带来的机会成本增加,大学毕业生就业难度所带来的压力,自主择业、大学生创业使大学生的思想和心理压力增加,新的读书无用论的抬头等,都容易使学生与老师、学生与学校产生疏离感,对简单枯燥的思想政治教育产生逆反心理。如果教育工作者不能站在学生的立场来考虑问题,解决他们在学习和生活中的实际困难,传统的教育手段就会弱化,不能发挥其真正效果。只有不断创新教育手段、拓宽教育渠道才能从根本上解决问题。

(三)教育对象的多样性要求思想政治教育载体的创新

随着高校招生规模不断扩大,高等教育普及率不断提高,由原来的精英教育转化为大众教育。高校大学生的招生数量不断增加,学生生源的质量也参差不齐,组成结构也日益多样化、复杂化,有的来自农村和有的来自城市、有的来自发达地区和有的来自西部地区,经济水平的不同,以及基础教育的程度不一,造成了彼此之间在价值观和金钱观等方面的差异,也增加了高校思想政治教育工作者的难度。

随着网络全球化的到来,大学生与社会的接触更加紧密与频繁,容易受到各种思想与信息的影响,更容易因为某种兴趣爱好而走在一起,形成独立的群体。于是打工族、考研族、上网族等分化的大学生群体逐渐涌现,他们一般具有共同的行为模式和心理倾向,这些都为思想政治教育带来新的挑战。如何正确引导他们的思想、规范他们的行为成为创新思想政治教育载体的需要。

二、思想政治教育载体创新是教育双重主体的要求

随着社会的发展,思想政治教育作为有目的性、有指向性的育人活动,提高其实效性势在必行。将"教育者"和"受教育者"作为思想政治教育的"双主体"是超越了思想政治教育"主体—客体"的传统模式,受教育者与教育者将构成了新的理解、交流的平台,受教育者在与教育者的对话中接受着他人的影响,也会影响着他人,这种新型的双主体模式既克服了主客体模式中受教育者无主体地位的弊端,又消除了单主体模式中教育者无主体地位的弊端,要使得这种模式有效地运行,思想政治教育的载体必须创新,这将有助于从新的视角探索提高思想政治教育实效性的途径。思想政治教育作为人的对象性活动(培养人、塑造人、将人的全面发展作为己任),在不断寻找更广阔的发展空间,传统思想政治教育"主体—客体"模式将被打破,取而代之的是思想政治教育"双主体"模式。注重人本管理,关爱学生,关注生活,也使得当前的思想政治教育必须进行创新。

三、科技的不断发展使思想教育载体不断拓展

现今随着科技的不断发展,以新媒体为代表的各种各样新的生活方式影响着当代大学生生活。

20世纪90年代,随着教育载体运行理论的出现,教育载体越来越受到教育工作者关注。但是由于高校思想政治教育的载体理论成果具有明显滞后性,同时在实践过程中,教育工作者受到自身应用能力的限制等因素,直接影响着教育载体的应用。新媒体作为一种新的教育载体,在实践过程中,高校对于新媒体技术的投入和人员培养,具有显著缺失性,新媒体在应用过程中,也存在一定的负面影响,因此需要清楚地认识,促进其积极因素的发挥。例如高校思想政治教育学习者更加关注非主流信息的获取,同时新媒体技术能够避免传统

媒体存在的单方向传播的弊端,方便学生获取相关信息并能得到及时有效的反馈,因此更加容易受到学生的关注。

高校思想政治教育载体更加强调系统的规划性,构建出新媒体技术基础性平台,实现多元化载体协调的合力作用。新媒体在高校思想政治教育工作当中的多元化载体的协调应用依据,主要有以下几点。

1. 新媒体能够表现出基础性平台功能

新媒体技术的大量信息融合、共享和传播方式平等及手段兼容性,为高校思想政治教育工作多元化载体提供选择;新媒体技术手段的应用,为高校思想政治教育提供相关的信息保障和交互方式,直接的作用是为多元化载体协同提供信息和技术上的保障,例如在高校思想政治教育的传统知识传授方法外,可以引入互联网实时在线答疑,不必受到周围环境的限制,完成时间和空间上的有效对接。

2. 新媒体时代教育主客体的自主性参与

新媒体技术在高校思想政治教育中的应用,使得教育主客体通过 PC 机、智能终端等设备,在片段性时间,进行知识的传授与学习及各种信息的交流;通过无障碍空间作用,吸引学生积极主动地参与学习,教师仅仅起到辅助学习的作用。在新媒体的虚拟化环境中,高校思想教育主客体更加具有明显的保障性和安全感,这将更加有利于高校思想政治教育工作多元化载体的协同,使得思想政治教育理论和实践结合更加紧密。

3. 新媒体技术能够对信息进行有效的系统整合

4G 网络化技术创新和应用,5G 网络时代的到来,将能够更加便捷地整合高校思想政治教育工作中的相关视频、音频资源,构成资源丰富的数据库和信息查询系统,同时通过网络教学,学习者利用智能终端就可以进行有效交流和互动。

总之,作为一名合格的大学生思想政治教育工作者,要不断关注新的思想政治教育载体变化。

四、文化多元化是思想教育载体创新的迫切需求

20 世纪 90 年代以来,全球化进程加速发展,多元文化现象日益凸显,成为当今世界的又一鲜明特征。多元文化这个概念随着全球化的迅速发展应运而生。以亨廷顿为代表的学者认为,多元文化将带来世界文明的冲突、将出现文化霸权现象。认为多元文化现象必然导致文明的冲突。同时,也有学者认为多元文化现象的出现是人类进步的标志。每一种文化都有优势与不足、精华与糟粕,因此不同的文化都需要互相借鉴、互补,只有这样人类才能避免冲突,共同发展。每个国家、每个民族都有自己的过去和本民族的历史,有着自己深厚的文化底蕴,形成了他们各自赖以生存和发展的基础。他们的文化中有许多优秀的、有利于世界发展的成分,全球化移民将导致各种文化的不断交融,这也是人类为自身的未来而面临的最富挑战性的考验。文化的不断碰撞要求我们关注当下大学生思想教育载体的不断创新。

五、创新思想政治教育载体要求我们注重传统与现代的结合

一些人类学家提出以下观点：传统文化保存了先人的成就，并使继承的后代来适应社会的某种既定客观存在；如果没有传统文化的承载，那么现代人就绝不会比猿猴更高明。生物学上的遗传仅仅使我们的生理构造比猿猴更先进一些，只有通过世代承袭传统文化才使人成为真正意义的人。因此，从某种意义上讲，传统文化是现代人赖以生存和发展的理性工具。

中国优秀的传统文化是中华文明演化而汇集成的一种反映民族特质和风貌的民族文化，是民族历史上各种思想文化、观念形态的总体表征，是指居住在中国地域内的中华民族及其祖先所创造的、为中华民族世世代代所继承发展的、具有鲜明民族特色的、历史悠久的、内涵博大精深的、传统优良的文化。它是中华民族几千年文明的结晶，除了儒家文化这个核心内容外，也包含道家文化和宗教文化等其他文化形态。中国的文化传统，是构成今天中国文化的特质，通过对传统文化的继承，使得中华民族在文化上得以延续，始终保持中华民族的独立。

作为四大文明古国之一，中国创造了优秀的传统文化。传统文化对当今社会仍然具有重大意义。我们可以通过对优秀文化成果精华的汲取，摒弃那些传统文化的糟粕，始终保持传统文化的独立性，排除外来文化的干扰，创造我们自己的民族文化，才能在世界文化之林立足而不败。

当下的思想政治教育是在全球化的背景下来开展的，注重传统和现代的结合是创新思想政治教育工作的有力保障。

六、创新思想政治教育载体必须注重寓教于乐，关注形式的多样

作为当今的教育工作者，如果想做到"寓教于乐"，首先要加强自身的人格修养和心灵净化，同时应严肃对待教育工作，遵循特定规范，既顺应学生的习惯，又左右受教育者的心灵和审美情感，引导他们趋善避恶。

我们需要通过活动形式的多样性来达到思想教育载体的寓教于乐。在学生文艺活动中，通过舞蹈、话剧、相声、小品等多种形式倡导社会主义核心价值观，唱响社会主义主旋律，学生可以通过参加文艺活动来感知真、善、美。一曲《长江之歌》，可以把全世界的华人凝聚在一起；一部《唐山大地震》，可以激励亿万人民增强克服困难的信心和勇气。同时也可以通过运动会、足球比赛等，抓住青春期青年好动的特点来开展大学生思想教育。强健人们的体魄，培育竞争意识，提炼爱国情操，倡导集体主义精神；通过丰富多彩的文化生活。用大学生文化节、电影周、论坛活动等来整合广大师生喜爱的书法、摄影、征文比赛、演讲比赛等活动进行大学生思想教育，展现当代大学生的素质，提高他们的精神品位。教育是全方位的教育，只有不断关注形式的创新，关注受教育者的心理、生理特点才能更好地做好当下的大学生思想政治教育工作。

第六章 现代生活科技化时代中大学生 思想政治教育创新

第一节 生活科技化时代大学生思想政治教育理念创新

在生活科技化环境下,进行大学生思想政治教育创新,除了坚持一般的、基本的教育理念外,应当在深刻洞悉和准确把握生活科技化与思想政治教育本质关系的基础上,不断革新指导思想、创造新理念,并在创新性教育理念的指引下,积极创新教育内容,以反映时代精神和时代先声,增强思想政治教育的指导力和引导力。

一、教育主体要具备真正"科学"的思想政治教育理念

教师是人类灵魂的工程师,是人类文明的传承者,承载着传播知识、传播思想、传播真理,塑造灵魂、塑造生命、塑造新人的时代重任。生活科技化时代条件下,作为教育主体的教师必须具备清晰的、"科学"的思想政治教育理念,否则,无疑将加剧生活科技化时代条件下的思想政治教育危机,思想政治教育目标的实现更无从谈起。科技化时代条件下教育主体的思想政治理念应当基于人、自然、社会一致的理念出发进行构建。

(1)要对科技的双刃剑作用、科技霸权所带来的意义的丧失和人性的异化等问题,有辩证而清晰的正确认识。

(2)要清醒认识到生活的科技化并不意味着思想政治教育就一定是"科学"的,在思想政治教育中运用各种科技手段也并不意味着教育就一定是"科学"的;要对生活科技化对思想政治教育带来的巨大挑战,以及导致的思想政治教育种种困境有清晰的认识,在思想政治教育中真正确立"趋利避害"的理念和思想。

(3)要具备"刻骨铭心的文化情结、深沉厚重的文化自觉、深情地抚摸中华文脉、亲近民族之心灵版图"的教育理念,培养知识经济、科技时代条件下的国际眼光、全球视野、全面的知识结构、强烈的创新精神、新型的人才观念、高品位的文化素养、终身学习的观念,以及经久不衰的人格魅力和深刻的历史与现实洞察力等。

二、培养知、情、意、行、素质统一的教育理念

(1)要追求认知与情感的平衡。认识和情感相互渗透,技术越高级,情感反应也就越强烈,二者的平衡是思想政治教育的科技时代诉求。在理性主义指导下的科学日益与人的需要和人的情感相分离,日益压抑人的个性,在理性主义指导下的现代教育也过分地依赖理论

和记忆,它给予传统的、书面的和复述的表达方式以特殊的地位,损害了口语的表达、自发精神和创造性的研究。这种教育方式易于造成学生人格的分裂,对许多青年人原来应该进行的充分而全面的培养被弄得残缺不全,过高地估计了提高技术才能的重要性而损害了其他更有人性的品质,而思想政治教育不仅要有知性目标,更要有情感目标。

(2)追求道德判断力的提高。道德判断能力是道德主体根据自身的道德认识,对道德现象进行鉴别、评价,对道德问题进行分析、解决的行为和心理倾向,包括道德思维能力、道德评价能力、道德选择能力等。使个体能适应多变的社会,能超越知识的局限,能对复杂的社会问题做出正确判断,正是现代科技发展对思想政治教育提出的要求。只有这样,才能帮助学生面对复杂多变的环境,协调不同的道德观念和自身的道德冲突,形成良好的道德判断能力。

(3)重视自由精神的弘扬。人是宇宙万物中追求自由的生命体,自由精神的获得确需建立在一定的科学知识的基础上,只有通过理解力,才能获得自由。科学是自由的源泉,但真正的自由要体现在超越机械性的束缚的心性自由上。人类在发展过程中追求自由,是人的精神发展水平和精神生活质量的全面提升,自由精神也是道德规范内化为道德品质的必然中介和桥梁,只有当善真正成为一种内在尺度的时候,人们才会更自觉地去追求它,遵循它。

三、追求人、自然、社会辩证和谐发展的教育理念

人、自然与社会是相互融合的有机体,三者和谐统一发展是人类生活的终极目标理想,科技时代条件下的思想政治教育目标必须反映这一趋势。首先,人与自然是统一的。人在自然界获得了自我意识。其次,人与社会也是统一的。人经历了一个由原初自在的"本我"到物化和异化了的"非我"和"反我",再到对它的扬弃而重新达到自由自在的"真我"的过程,就是人不断从自身生命和精神规律的盲目支配中解放出来,从而愈来愈成为自身肉体和精神活动的主人的自由人。只有协调好人、自然、社会三者之间的关系,才能维持人的现实存在;三者的和谐发展,才是真正的和谐发展。作为以人之精神成长为使命的思想政治教育的真正境界,应该是实现在人与自然和谐发展的高度来自己约束自己的自为的境界。

现代科技的发展和应用所带来的实用主义、工具理性主义、生态危机、环境污染等问题,根源都在于人自身。因此,思想政治教育应协调人的自然存在、社会存在、精神存在之间的关系,使尊重生命和生态价值为特征的生态精神成为植根于大学生心灵深处的人格特质,帮助克服人自身在历史长河中积淀起来的极端人类中心主义、狭隘民族主义、极端个人主义、本位主义等这些深层文化痼疾,超越民族、国家和物种,以实现人、社会和自然的协同进化。只有实现了人、自然、社会的统一以及个人的自我完善,人的道德主体性才能得到淋漓尽致的体现,人终于成为自己的社会结合的主人,从而也就成为自然界的主人,成为自身的主人——自由的人。

四、培养高度的科技伦理精神的教育理念

没有伦理学的科学是盲目的,没有科学的伦理学是空洞的。科技负载着利益和价值,它的进步必然伴随着利益的纷争和价值的冲突,科技进步在加速拓展着伦理的新领域和新向度,促使人们从急剧变迁的实践方式中创造性地发现新的伦理精神。复杂的科技伦理情势

需要人们做出确切和全面的伦理判断,以驾驭科技发展的正确方向。只有倡导科技伦理精神,才能保证科技沿着为人类服务的方向发展。同时,由于科学技术的超越时代性与超越国界性,人的道德感、责任感在深度和广度上都必须不断拓展。

加强思想政治教育,使人具有理性驾驭科技的伦理精神;必须扬弃原有的伦理精神体系,实现对伦理精神的创新与超越,并把这种精神要求体现在思想政治教育目标之中,造就德技双馨的科技人才。

(1)帮助大学生树立正确的科技价值观。从本质上看,科技伦理道德源于人们对世界的科学认知,体现了一种正确的价值观念,表现为从事科技活动的人们应该共同承担的社会责任和恪守的行为规范。科学家的人生观、价值观是其从事科学活动的灵魂,决定着科学家的科学良心和道德理想。只有树立了正确的科技价值观,才能从本质上理解科技伦理,才能从根本上促使作为未来科技主体的大学生从事道德的科学研究。

(2)促进大学生人文素质与科学精神的双重发展。基于现代科学精神的科技伦理,实现了与人文精神的融通,体现出科学对人的生存价值、人性的发展、人类的前途和命运的关注。人文教育并不排斥科学精神,相反,人文精神还是创造性思维的源泉之一。

(3)帮助大学生树立科技主体良好的职业道德。作为未来科技主体的大学生应懂得自身的伦理规范:有利于社会经济发展的、符合人类进步的科学技术研究、开发、发明是道德的,反之则是不道德的;坚持真理、尊重事实、尊重他人科技成果是道德的,反之是不道德的。

五、树立回归生活世界的思想政治教育理念

科学世界观带来人的思想与心灵、人与社会和自然关系的异化,使科学失去了生活的意义,这也正是大学生思想政治教育难题的根源所在。为解决这些难题,思想政治教育必须确立回归生活世界的教育理念,重建有魅力的思想政治教育。

(1)生活世界的内涵。生活世界是指人们在日常行为和实践中所接触到的自然状态下的世界,它是直观的、主观的、原初性的存在。

(2)生活世界是科学世界的根基与源泉,科学的有效性与意义最终要回溯到生活世界。生活世界为人成为"人"提供了全部共同的、基本的要素。而纯粹的科学世界除了抽象的、以客观的"真"为目的的概念、命题和逻辑外,无法为人的生长提供别的东西,只有感性的、生动的、丰富的生活世界,才能满足人在理智、情感、意志等多方面发展的基本需要。

(3)生活世界具有重要的思想政治教育价值,生活是思想政治教育的出发点,也是思想政治教育要回归的地方。

从近代到现代,科技哲人、经典作家都曾强调应关注生活世界,并把回归生活世界作为时代精神之趋向。思想政治教育本身即是一种生活,生活应是思想政治教育的源头活水,教育要通过生活才能发出力量而成为真正的教育。德育也要而且必须通过生活发出力量才能成为真正的德育。一方面,生活具有思想政治教育意义:生活世界是构成学生的各种认识素材的主要来源,生活世界是思想政治教育认识践行的土壤,是良好个性品德发展的基础,道德与生活世界具有直接同一性,真正有效的道德教育最终也必须体现为一种生活世界的教育。因为现实的伦理只能在社会生活中。另一方面,思想政治教育具有生活的意义:道德是生活中道德目的的体现,它塑造的是道德的生活,思想政治教育的终极意义表现在不仅让人

们去遵守某种社会秩序、道德规范,而且要促使人们找回那个已经失落的世界与失落的自己,使人们拥有世界,拥有自己。

第二节　生活科技化时代大学生思想政治教育模式创新

生活科技化时代,需要不断对大学生思想政治教育体制机制进行创新,但我们很难说需要完全基于生活科技化这样的唯一基础去全盘重建大学生思想政治教育体制机制,而毋宁说推进生活科技化时代条件下大学生思想政治教育模式的创新更为恰当。

建构新的生活科技化时代条件下大学生思想政治教育模式,要在对传统思想政治教育体系和传统思想政治教育模式进行反思和扬弃的基础上不断发展和创新。立足于生活科技化的时代背景,顺应时代发展和变革的新要求,寻求能有效解决思想政治教育在生活科技化时代面临的重重难题的模式,构建"人本—生态""传统—现代""专门—系统—提升超越"的思想政治教育模式,势所必然,值得探索。

一、"人本—生态"教育模式

1. 凸显思想政治教育的人本关怀

思想政治教育人本化的实质是解决人与"物"的关系,致力于现代科技统治下人的解放。

(1)要努力发掘科技的人道价值。这种价值主要体现在科技减少了人生存的痛苦,使人的物质水平逐步提高;科技是人以理性的方式与逻辑化的思维习惯解析自然、破译人生;科技还为人文思想的交流传播提供了物质载体,包含着对人的终极关怀等。

(2)要重视科学技术向人道主义的回归。人类发展科技的初衷在于造福人类自身,使人获得自由、解放和全面发展。因此,是人而非技术成为价值的最终根源;是人的最优发展而不是生产的最大化,成为所有计划的标准。

(3)要重建人与自身生活的社会之间的关系。人本关怀的思想政治教育以尊重学生个体的需求、愿望等为出发点,以"以人为本"的人本论思想与当代的科学技术相适应,与社会需求相适应,着眼于未来人才的培养。人本关怀既要突出以人为本,又倡导以社会为重,强调协调发展;既要以人的物质生活和精神生活水平的全面提升为目标,又要以人与社会的全面发展为根本;既要关注培养出来的人是否全面和谐地发展,又要关注是否具备独立、健全或完整的人格。

2. 重视思想政治教育的生态关怀

思想政治教育的生态关怀在思想意识上表现为生态主义的弘扬。生态主义要求人类真正超越个体或局部利益至上的现代文化,以达成对类与整体利益的尊重,它以生态价值观支配自己的行为,生态价值观以人与自然的协同化为出发和归宿,要求人类对自然承担相应的责任和义务,客观存在对技术有明确的价值选择,即技术的运用要从人的物质及精神生活的健康和完善出发,注重人的生活的价值和定义,要求技术选择与生态环境相容。生态关怀的原则是:当一项科技成果的发展和应用有助于保护生态系统和谐、平衡的时候,应予以鼓励和推广;而当它有害于生态系统和谐、平衡的时候,应予以限制和排斥。思想政治教育的生态关怀就是要引导人们掌握自然界的客观规律,正确认识人与自然的关系,追求人与自然的协调发展;要求将保持生态系统的稳定平衡,作为一切行为的最高的、绝对的限度。

3. 注重思想政治教育"人本—生态"的双重关怀

人本关怀与生态关怀既不可相互替代,又具有高度的统一性。

(1)生态关怀与人本关怀各有侧重。人本关怀要求科技发展以人为中心进行,主张重新确定人在社会中的位置;生态原则要求科学研究等同对待自然界的生物和人类,把人类的"善""尊重"和"公正"等基本伦理原则扩大到自然界,主张重新确定人在自然界的位置。

(2)生态关怀与人本关怀又高度统一。人本关怀的核心是关怀人与社会本身,关怀社会的和谐,确定科技发展和应用的最低限度。人本要求科技发展和应用的基本限度就是不能危及和损害人的健康生存和发展,以及社会的和谐和安定。生态关怀的核心是关怀人、社会和环境的协调发展。生态关怀确立了科技发展和应用的最高限度,就是不可导致地球生态系统出现无法自我恢复的失衡状态。人本关怀和生态关怀都同时反映了人本身全面发展的实然需求。

(3)"人本—生态"模式是思想政治教育的人本关怀和生态关怀的有机结合。人本关怀和生态关怀二者共同代表人类生存和发展的需要,二者实质是正确处理人、社会、自然关系的行为准则。要解决现代科技发展遭遇的人、自然、社会关系失调、人道失落、生态破坏等道德难题,就必须保持人、社会与自然的和谐发展,这种和谐发展正是道德教育的应有之义,也正是"人本—生态"模式的实质目的和意义之所在。

二、"传统—现代"相结合教育模式

1. 传统与现代的关系

这里所说的传统,主要指具有民族特性而留存于现实的技术和文化;这里所说的现代,主要意指现代科技及其应用进而产生的人、自然、社会的全面变革。

(1)传统的技术与文化具有特殊性和民族性,现代的技术与文化则具有普遍性和世界性。对于任何一个国家来说,传统与现代的关系问题是一个很重要的问题。这是因为,如果全面、深入地推进现代科技实施,虽然会促进技术、经济的迅速发展,但伴随技术霸权而产生的文化霸权,将会给本民族或国家传统的技术与文化带来严重的冲击,其结果可能导致本民族传统技术与文化丧失独立性甚至崩溃;反过来,如果为了强化本民族意识,弘扬传统文化,排斥现代科技,又与现代化的客观要求背道而驰,进而可能导致本民族或国家的落后。

(2)传统与现代都是社会存在的重要根基。传统在现实社会中的存在,代表其适应社会发展历史而留存,使人类社会有了持续前进的根基,从这个意义上来说,传统也是现代的根基,现代是在传统基础上的持续进步和创新。

(3)传统与现代互为矛盾又不可分割。今天的传统,往往是过去的现代;今天的现代,必将是明日之传统。既没有凭空产生的传统,也没有生来就是现代的东西,传统与现代表现出明显的历史传承性。人类社会如果没有传统,将无所皈依、不知所措,社会也将不复存在;如果没有现代科技,也将无所发展、无所进步。

2. 在思想政治教育中重视传统与现代的结合

(1)传统的未必全部是落后的,其中仍有优秀的成分需要继承和发扬,现代的也未必全部是积极、健康的,其中仍有糟粕的成分需要摒弃和剔除,因此应当引导学生以"扬弃"的态度来认识与处理传统与现代的关系,以辩证的眼光来分析传统与现代特别是现代科技的利弊以及二者的结合。

(2)在对待传统的技术与文化和现代的技术与文化的关系上,引导学生不能对传统技术与文化弃之不顾而一味追求"高、精、尖"的高技术或高新技术,避免滋生自由化思想和自私自利的所谓"摩登文化"。

(3)坚守历经社会历史考验而留存于世的优秀传统的传承,意味着对社会血脉和根基的继承,也是对民族特性文化的传承和发扬,有利于学生个性的成熟、人格的健全、心灵的美化、科学价值观的形成,有利于其在创新时具备更好的传统根基,因而值得大力提倡。反过来,在传统基础上放眼未来,在传统的基础上积极创新,并积极运用现代科技改造传统、发展传统,进而使得传统与现代相得益彰,使人类社会个体既能保持传统"本真",又能具备充分的"现代人"特色,使个体人性不断得到丰富和充实,人格不断健全完善,同样值得积极倡导。

三、"专门—系统—提升超越"教育模式

1. 努力促进对各专门门类科技深入理解和熟练运用

现代科技发展日新月异,现代人必须紧跟科技发展的时代潮流,深入理解并熟练掌握各种现代科技。比如,现代交通运输的大发展为人类提供了便捷的通行方式,现代通信和信息技术的飞跃性、智能性发展为人类提供了实时、便捷的信息交互手段,现代生命科学的革命性发展,为人类生命和生活质量的提高提供了超乎传统想象的可能,等等。深刻理解并熟练运用现代科技,是深入理解现代科技、培养现代科学精神、树立科技创新思维之基础。因此,在大学生思想政治教育中,必须鼓励学生勇于面对现代科技,大胆使用、借助现代科技,为自身全面发展提供现实条件。

2. 引导对现代科技形成系统理解

科技不是单纯分门别类的,现代科技中的各具体专门门类科技既相对独立发展,又在互相联系、互为手段、互相支撑中实现整个科学系统的大发展。另外,现代科技与人文社会科学需要在相互契合中和谐发展。人文社会科学以人、人类社会为研究对象,与自然科学相比,具有典型的人文特质和社会品性:既具有客观性又具有主观性,既具有事实性又具有价值性,既具有真理性又具有功利性,既具有普遍性又具有特殊性,既具有必然性又具有偶然性,既具有理论性又具有规范性,既具有基础性又具有应用性,既具有实证性又具有实地性。可以说,综合性是人文社会科学作为科学之最根本的特性。科技与人文互相渗透、缺一不可:"科技"属于求实的范畴,其中隐含了"客观"的成分;"人文"属于求善的范畴,其中隐含了"主观"的成分;科技不仅植根于理性的思辨,它和美学、伦理、宗教信仰、经济、社会、政治科学都是休戚相关的,纵观人类历史,很多科学技术,其实是人类思想的体现,甚至是当时人类

文明进步和技术成就高度结合的完美体现，至于现代技术，更是基于人类对美好、便捷生活的向往和高度发展的科学原理。

相较于科技的几何级速度的发展，人类道德水平的提高速度，远跟不上科技进步的步伐，这样，当科技被人性中无知或者恶的一面所利用时，科技就给人类带来了各种负面的、甚至是灾难性的影响，例如军备竞赛、武器升级、环境污染、物种毁灭，当人类还没有能力清楚地了解或者无法驾驭某项科技发明可能会招致的灾难性恶果的时候，只能通过正确的人文观念，即以对人类和生命的尊重与关怀为出发点，来避免对人类造成无法挽回的伤害。因此，在大学生思想政治教育中，应当引导学生树立科技与人文不可分割，它们是人类文明进步的基石，现代科技需要与人文社会科学在相互契合中和谐发展的基本思维；树立科技进步促使人文更健康、更丰富，改变了人们的价值观、思维方式、生活方式和社会生产方式，有利于社会发展过程理性化，而正确的人文观念则激励人们超越自我、追求更高的人生境界，指引人类前进的方向的基本理念；树立科技和人文互相交织、取长补短，共同形成人类现代文明，当它们和谐共存、共同不断进步时，人类的天空才会更蓝，地球上的水才会更清，人们的生活才会更美好的基本思维，努力促进和实现"科技与人文比翼齐飞"。

3. 提升并超越对科技本身的理解，深入理解科技负载的价值、伦理和精神，确立正确的科技追求

科学技术不是单纯的"工具""手段""器物"，它还负载着独特的价值和伦理。所谓科技负载技术之外的独特价值，实质是内在于技术的独特价值取向和内化于技术中的社会文化价值取向和权力利益格局互动整合的结果：技术具有相对的价值独立性，这不仅表现为技术对客观自然规律的遵循，还表现在技术活动对可操作性、有效性、效率等特定价值取向的追求，而这些独特的价值取向对于社会文化价值取向具有动态的重构作用；技术是包括科学文化传统在内的整体社会文化发展的产物，技术发展的速度、规模和方向，不仅取决于客观规律，还动态地体现了现实的社会利益格局和价值取向。从技术负载的伦理来说，技术绝不仅仅意味着由所谓科学真理决定的正确无误的应用，科技的发展也已经使风险成为现代技术中的内在构成要素，面对技术难以消除的固有的不确定性，需要综合考量科技和社会文化因素，方能确定可接受的风险水平，其中，伦理因素是需要重点考虑的关键因素之一。因此，引导学生超越对于科技本身的理解，深入理解科技负载的价值和进行科技伦理思考，发挥高科技的正价值，克服其负价值，使高科技真正造福于人类，以实现科学技术与人文、社会的协调发展，同样重要和势所必然。

第三节 生活科技化时代大学生思想政治教育内容创新

除了传统的、经过时代检验而必需的思想政治教育内容外，适应生活科技化的时代背景和要求，还应该积极创新教育内容，提升教育水平，增强教育实效。

一、加强科技创新思维的培养和提升

辩证认识生活科技化对大学生思想政治教育带来的种种挑战，绝不等于要在思维上放

弃发展,放弃使用现代科技。现代科技的迅猛发展、生活科技化的时代潮流不可逆转,特别是新一轮科技革命和产业变革正在孕育兴起,我国要全面建成小康社会,实现中华民族伟大复兴的中国梦,面临一系列突出矛盾和挑战,科技创新能力不强是其中突出的一个方面。我国发展中不平衡、不协调、不可持续问题依然突出,人口、资源、环境压力越来越大,要突破瓶颈、解决深层次矛盾和问题,根本出路在于创新,关键是要靠科技力量;要推动新型工业化、信息化、城镇化、农业现代化同步发展,必须及早转入创新驱动发展轨道,把科技创新潜力更好释放出来,充分发挥科技进步和创新的作用;科技是国家强盛之基,创新是民族进步之魂,科技创新是提高社会生产力和综合国力的战略支撑;从全球范围看,科学技术越来越成为推动经济社会发展的主要力量,创新驱动是大势所趋。因此,必须把科技创新摆在国家发展全局的核心位置,坚持走中国特色自主创新道路,把创新驱动发展作为面向未来的一项重大战略实施好,坚定不移创新再创新,加快创新型国家建设步伐。

在大学生思想政治教育中,首先,必须帮助学生树立强烈的创新自信,敢于走前人没走过的路,正如习近平总书记强调:"我们是一个大国,在科技创新上要有自己的东西。"其次,必须帮助学生树立攀登世界科技高峰的自信,牢固树立敢为天下先的志向和信心,走前人没有走过的路,敢于质疑现有理论,勇于开拓新的方向,不断在攻坚克难中追求卓越,勇于创造引领世界潮流的科技成果。最后,必须帮助学生对科技的价值和意义形成深刻的体会,使科技创新思维真正深入学生内心,科学精神得到普及。

二、加强类意识的培养

类意识是在承认全球存在共同利益的基础上,超越意识形态的分歧,克服民族、国家和集团利益的局限,以全人类共同体的视野去认识和处理人类共同面临的问题的一种思想观念。类意识教育反对绝对的"个人本位"和"社会本位"教育观,坚持个人与社会在实践过程中统一,坚持人的本质在社会关系中得以扩展和丰富的观点。类意识教育的目的是培养具有世界视野、整体观念和人类意识的类主体。高度重视类意识的培养,是生活科技化时代条件下的大学生思想政治教育不可回避的重要内容。现代科技发展使得以往相对独立的各大文化体系都不同程度地在开放中进行交流和碰撞,真诚地理解其他民族及其文化,尊重他们对发展道路与生活方式的自主选择,学会与具有不同文化教育背景的人们沟通,学会并善于倾听不同于自己的声音,形成一种新的以平等、宽容、兼收并蓄为特征的文化价值观,是生活在文化多元时代的人应具有的基本素质。同时,随着科技的发展和全球化的深入发展,各个国家和不同民族都被紧紧地联系在一起,以往的个人本位不再适合时代发展的需求,而需要真正的类意识教育。

三、加强人、自然、社会三者的辩证和谐发展

(1)在人与自然关系方面,反思科技时代条件下人与自然的关系,摒弃狭隘的传统价值观,不再仅从功用意义上理解自然,而尝试在平等的意义上展开人与自然的更丰富、更全面的联系,这就需要在思想政治教育中要培养与可持续发展相一致的环境意识、道德意识、价值观和态度等。其中环境意识代表了人们对环境问题的能动性以及对此问题的觉悟程度,主要包括全球意识、环境伦理意识与未来意识等。而环境伦理意识是对人与自然关系的认

识,是为解决环境问题而对人提出的价值要求,包括忧患意识、责任意识、参与意识等,它要求人们不仅关注当代人的利益,而且更关注未来子孙后代的生存利益。

(2)在人与社会(人)关系方面,现代科技发展使人际交往和交流变得经常和便利,个人必须通过多种途径从社会中获取知识,才能完成知识的更新;个人也只有积极主动适应新时代的来临,才能把人与社会广泛地联系起来。在这种情势下,"学会关心"成为人们处理人与人、人与社会之间关系的基本义务和责任。"学会关心"的目的是在理解、宽容、友善、平等的基础上建立和谐的关系,实现人类的共同全面发展,包括关心个人、他人、群体、全人类;关心社会、经济、生态、全球生存环境;关心真理、知识、学习等生存技能及其人道取向。

(3)在人自身的超越方面,人有着各种不同层次的需要,随着文明程度的提高,人的需要也越来越复杂,在基本需要满足的情况下,人会按照自己的需求自由地选择满足需求的次序与水准,从中充分展示自己的人性,人只有在自己的最高需要得以满足的条件下才能获得最强烈的自由感。人拥有对道德理想和崇高价值的追求,这体现了人的超越本性。思想政治教育要提倡一种精神期待与超越,要培养大学生的超越能力,使其不仅能超越需求,还有能力在物质与精神、个体与群体之间找到结合点,真正实现自身的超越。

四、加强科技伦理道德教育

(1)科技伦理教育有别于科学知识和科学精神培养教育。应突出地运用道德感化和道德舆论的手段,使大学生学会关心,懂得尊重,对人、自然、社会充满正义感和责任感,做到追求真理和实现价值的统一。

(2)重视科技道德责任教育。科技被不同的人所利用,可能产生不同的社会后果,科学意识到自己的目标,就能在长远中变成改造社会的主要力量,由于它所蕴藏的巨大力量,它能够最终地支配其他力量。但是,科学如果不明白自己的社会意义,就会沦为要它背离社会进步的方向的力量手中的工具而无法自拔。因此,在生活科技化时代,责任教育应该得到充分扩展,要帮助大学生了解科学技术发展的历史规律,把握科技活动的社会特性和特点,认识科学技术和社会之间的相互影响、相互作用的规律,拓展思维空间,优化思维品质,不断提高对自己的专业活动的社会意义和影响做出独立判断的能力,在提高专业活动效率的同时,以强烈的社会责任感把握专业活动的方向。加强科技道德责任教育,塑造大学生丰富的道德意识、道德情感、道德信念,已成为全球的呼声和国际教育新潮流。

(3)科技道德教育之要义。要关注当前和未来科技发展的重点领域伦理道德教育问题,包括环境伦理道德教育、生态伦理道德教育、网络伦理道德教育、生命伦理教育、全球伦理教育等。其中,除了网络道德教育外,应特别关注生态道德教育。生态道德教育是指从人与自然相互依存、和睦相处的生态道德观点出发,使人们在生态活动中遵循生态道德行为和规范,包括生态道德观教育、生态道德知识教育、人道主义教育等。生态道德观教育是塑造新的生态价值观和对待生态环境的新态度,包括树立尊重自然的生态价值观、环境平等观、绿色消费观、新人口价值观等;生态道德知识教育包括生态学的基础知识和自然生态的客观价值、本质和特征等的教育;人道主义教育是教育人们以人道主义的情感、态度和观点对待生态环境,对自然施以人道主义的保护。

五、重视信仰教育

精神家园是人的终极关怀,所谓精神家园也便是人所确信不移的精神努力目标,是人的终极关怀,是被人认作自己生存之根本的精神理想。人有自己的精神家园即指人有他自己所确信不移的精神努力的目标。生活科技化时代,物欲的膨胀严重破坏了生态平衡,科技的不恰当应用导致一系列严重问题和后果,进而衍生出现代人日益强烈的失落感、孤独感、空虚感、灵与肉的分裂,使人们越来越期盼精神家园。人类面临的这种精神危机实质上是一种信仰危机,现代主义的真正问题是信仰问题。用不时兴的语言来说,它就是一种精神危机,因为这种新生的稳定体系本身充满了空幻。而旧的信念不复存在了,如此局势将我们带回到虚无。因此,要重视建设精神家园,就需要在思想政治教育中加强信仰教育,帮助大学生克服信仰危机,时代给当代道德教育的课题其实是道德教育的真正完成需要同信仰教育的实现联系起来。信仰本质上是个体内心的确信,它从终极关怀上指导人类的精神世界,在终极价值目标上给人提供一种内在的动力,像人的灵魂一样永恒地伴随着人而存在,使人"诗意地栖居在大地之上";信仰同时是理想超越性与现实性的统一,其现实性决定了人们必须理解和肯定自身的现实关系,其理想超越性则要求人们必须在肯定现实关系的同时否定现实。加强信仰教育,引导大学生坚定信服和追求体现人类最高价值和最深刻意义的某种目标,有利于其在生活中关注生命、提升精神,寻找并确定自己的信仰,学会用信仰来丰富自己的生活。

第四节　加强工具理性与价值理性融通教育

一、技术理性与工具理性思维本质及其批判

1. 技术理性与工具理性思维本质

按照黑格尔的理解,理性是最完全的认识能力,是认识的高级阶段,只有理性才能揭示事物的本质。而"技术理性"概念源于法兰克福学派代表人物之一,哲学家霍克海默关于"主观理性""客观理性"的论述;"工具理性"概念来源于德国社会学家马克斯·韦伯所提出的"合理性"概念,"技术理性"和"工具理性"均属于"主观理性",二者并无本质区别,经常等同和混用,其特点是本质上关心的是手段和目的,关心为实现那些多少被认为是理所当然的,或显然自明的手段的适用性,但它却很少关心目的本身是否合理的问题。更进一步讲,其本质特征表现为对物质的需求相对于其他需求的绝对优先性,寻求最优途径的功利性思维,朴素实际的务实精神,基于数学的标准化、逻辑化思维等。科学技术本身是中性的,但由于科学崇尚理性,因而导致整个社会的理性化,又由于现代科学趋向于数字化,因而导致用数学结构阐释自然,进而影响到人们的思维方式和生活方式,"量化"几乎成为思维与生活中的一条重要原则。

2. 技术理性与工具理性思维之二分认识

技术和工具是理性的产物,也是合理性的存在,技术理性和工具理性追求手段的可行

性、操作的有效性、主体的目标性、效用的最大化,因而其在现实实践中首先具有积极作用,其不仅提升社会生产力,推动了社会经济、政治、文化的发展,还为人类提供了丰富的物质财富,提高了人类的生活水平,为人类发展和进步提供了便利条件,使得人类社会生活更加协调、有序,使得人类发展更加有保障。但由于技术理性与工具理性具有的功利性思维、控制性思维、独断性思维特征,由于人们对技术理性与工具理性的极大信任和依赖,推动人类及社会发展的力量逐步走向反面和极端,演变成了压制人、奴役人,阻碍人类及社会发展的力量;人们只关心工具、手段,只关心自己对物与利益的追求和功能价值的实现;在人与自然的关系中,人类习惯于从自然的对立面去认识利用自然,去对物进行定义。人们以对物和利益的追求为目的,对自然进行开发利用,甚至以主人的姿态和征服者的角色对自然界摄取和掠夺,由此导致人与自然的和谐与平衡被打破,生态危机、环境恶化、各种自然灾害频现,人同自然的和谐平衡被打破;在人与社会关系中,导致人被物化,人的身心被奴役,人生意义被挤压,人的消费方式异化,人与自我、他人的关系异化等,显示出极大的负面效应。技术理性与工具理性也因其负面受到多方批判。要进一步说明的是,技术理性与科学理性属于不同的理性范畴。

(1)科学理性属于人类的理论理性,而技术理性则属于人类的实践理性。科学理性是科学活动主体以自然界为对象,研究自然事物的结构、属性与规律,理解和解释自然现象的认识活动,其目的是通过科学发现以求得人类知识的增长。科学理性作为理论理性的最高形式,着眼于回答事物或对象"是什么""为什么"的问题,目的是认识已存在事物的本来面目。它把"解释世界"作为自身最高的任务,着重强调人的认识如何由不知到知、由知之较少到知之较多,它关注认识与对象是否相符合。技术理性是主体技术实践活动的理念。它并不追求单纯的手段或目的,而是把社会合意性、科学合理性、自然必然性整合到手段有效性中去。它既追求功效又内含目的,既追求物质手段又关涉知识储备,既基于自然又面向社会,既表现自然必然性又实现主体目的性,既追求理想又注重条件和善于妥协。因此,从其实质看,技术理性是客观理性与主观理性、价值理性与工具理性的辩证统一,是不断发展着的具有综合性、整合性的一种实践理性。主体在改造自然、创造人工自然的活动过程中形成的"实践理性",其目的是技术发明,是创造出能够满足人们需要的人造物。技术理性着眼于回答人类改造自然、创造人工自然的实践活动应该"做什么""用什么做""怎样做"的问题,它将事物由本然状态改变成理想状态,在观念中建构出理想的客体。它体现着人对世界的能动关系,指向人类极富主动性、创造性的改造物质世界的活动。

(2)在思维方式上,科学理性的思维方式是认知,而技术理性的思维方式是设计。科学理性以认知为其认识对象的根本方式,通过认知活动对对象进行思维加工以便于形成概念、做出判断以及进行推理,从而构成概念、定律、理论等。认知活动是形成事物的内在本质和规律性认识的根本思维方式。它的成果是知识形态的东西,如概念、原理、定律、公式等。它的研究程序一般是将从观察实验中得来的经验事实,经过逻辑加工整理,形成假说,再经过反复论证、补充、修正,上升为理论。科学理性思维的主要范畴是感觉、知觉、表象及概念、判断、推理、规律、真理等。技术理性的思维方式则是通过人有目的的"设计"活动表现出来的。"设计"思维方式并非仅仅存在于人的造物活动过程中,而是广泛地存在于人类的任何实践活动过程之中。技术理性从总体上表现为主体对人的造物活动的设计,这种设计在大的方面主要包括三个阶段,一是确定技术目标阶段,二是思维计划阶段,三是方案制定阶段。

(3)科学知识和技术知识与存在的关系不同。科学知识的对象是自然界里的客观事物,它们是不以人的意志为转移的。科学知识是对客观对象的反映,是对客观对象的属性、规律、结构、现象、本质的解释和说明。由此我们可以看出,科学知识的对象在主体进行科学认识之前就已经客观地存在着,科学知识只是对已存在的对象的本质和规律性的理论概括。存在先于科学知识,决定科学知识的性质。与科学知识不同,技术知识所要实现的对象是人为的物质事物或人造的物质事物,我们称之为人工自然。人工自然是人的实践活动的产物,而人的实践活动是在人的目的、计划、方案也就是技术知识的指导下进行的。先有技术知识,而后才有技术实践,只有技术实践才能产生技术存在。因此,技术知识先于和决定技术存在。技术知识已不是对现有客观事物的反映,但它也不是人的头脑中先天固有的。它是人类在认识客观事物的属性、规律的基础上,运用创造性想象和科学知识对人类造物活动过程及方法的一种规律性或规则化的解释,因而是以对客观事物的认识为前提和基础的。它的形成是认识由对客观事物的反映向指导实践的认识形式的转化。

二、技术理性、工具理性思维与价值理性之辩证关系

1. 技术理性、工具理性与价值理性存在对立面

价值理性是指行为在价值上是理性的,也就是人们在现实的价值活动之前确立的,根据主体需要和意志出发进行价值活动的自我控制力和实践规则。价值理性与技术理性、工具理性存在明显对立:从关注的焦点看,技术理性、工具理性不是关注行为本身的价值,而是看重行为能否作为达到目的的有效手段,而价值理性恰恰看重行为本身的价值,如果说价值理性是引导主体"做什么"的问题,技术理性、工具理性就是解决"如何做"的问题;从价值旨归看,技术理性、工具理性是以工具崇拜和技术主义为目标的价值观,通过精确计算的方法最有效达到目的,核心是追求效率,而价值理性是人对自身价值和存在意义的体认、忧患、建构与追求的自觉意识,核心在于人的存在意义;从外部特征看,技术理性、工具理性具有功利化、规范化、标准化、系统化等实用主义特点,而价值理性表现为合主体性和合目的性。

2. 技术理性、工具理性与价值理性存在内在一致性和互补性

在科技飞速发展的现代化进程中,科技文化中技术理性、工具理性与价值理性的互动与平衡是科技文化的应然状态,二者既相互对立又相互依存、相互作用、和谐统一,技术理性、工具理性是人类厚生利用的手段,价值理性是人类安身立命的依托。它们就如同人类的双眼,只有在视力平衡时,才能看到一个合理性世界——物性与人性统一的世界。这具体表现在:首先,价值理性是技术理性、工具理性的价值规范和约束。价值主体对客观事物及其规律的正确反映是技术理性、工具理性有效运行的前提和基础,没有价值理性的规范和约束,技术理性、工具理性的发展就会偏离轨道,导致人与社会陷入畸形发展状态。其次,技术理性、工具理性是价值理性的物理支撑。技术理性、工具理性是主体对客体本质和规律认知和把握的结果,一方面,依靠技术理性、工具理性,在实践活动中实现主体对客体的对象化;另一方面,随着人类实践活动范围的扩大和实践程度的加深,技术理性、工具理性激发了价

值理性的不断升华,为价值理性的完善提供着现实支撑。最后,价值理性和技术理性、工具理性统一于人类社会实践中。价值理性体现着人类实践活动的目的性,是实践活动主观能动性的价值基础,由目的性引发的需求即技术理性,工具理性是完成实践活动的工具性条件;目的性和工具性统一才能有效完成人类的实践活动,推动科技进步与人类文明向前发展。

三、技术理性、工具理性思维与价值理性在思想政治教育中的融通

1. 技术理性、工具理性与价值理性在思想政治教育中的分野与割裂

19世纪中叶以来,科学技术的突飞猛进使技术理性、工具理性成为经济增长的第一推动力,科学技术成了理性的代名词。技术理性、工具理性的快速膨胀,严重挤压着价值理性的空间,以至吞噬着价值理性。

在高校思想政治教育中,技术理性、工具理性和价值理性本应统一而且功能互补。作为一种实践活动,思想政治教育必须关注自身的手段和操作问题,注重选择实现思想政治教育价值和目的的方式、方法和途径,设计思想政治教育活动的环节、程序和过程等,关注"术"的问题,这正是技术理性、工具理性追求的主旨;同时,思想政治教育必须关注自身的价值诉求,确立思想政治教育的性质、原则、目的、理想等价值判断,关注"道"的问题,而这些内容正是价值理性的旨趣所在。因此,从思想政治教育的内容来看,其正体现着价值理性和技术理性、工具理性的不同追求,应合着价值理性和技术理性、工具理性不同的本质内容及功能作用。价值理性是搞好思想政治教育工作必须坚持的指导思想和方向目标,技术理性、工具理性是搞好思想政治教育工作必须具备的技术手段和现实条件;价值理性是思想政治教育的实质内容,技术理性、工具理性是思想政治教育的实现形式。

因此,做好高校思想政治教育工作的关键之一在于技术理性、工具理性和价值理性的和合统一、功能互补。价值理性和技术理性、工具理性一旦发生分裂或陷入冲突,便会影响思想政治教育的效果,造成思想政治教育的低效或无效。而价值理性和技术理性、工具理性之冲突在于:首先,技术理性、工具理性和价值理性之间存在着"是"与"应当"的分离,技术理性、工具理性主要着眼于事物的实然状态,回答"是"什么的问题,而价值理性则着眼于世界的应然状态,回答"应当"如何的问题;"是"与"应当"这两种不同的视野使得技术理性、工具理性和价值理性之间存在着一种相互排斥的关系;价值理性判断只提供善与恶及其区别的标准,同作为事实判断的技术理性、工具理性并不存在等价关系,价值判断上的"应当"不等于事实上的"可能"或"能够"。其次,技术理性、工具理性和价值理性之间存在着工具性与价值性的对立:技术理性、工具理性只是从客体对象的实用性方面来考虑问题,只问工具对于实现目的的有效性,而不问目的的合理性,目的的意义和价值在它的视野之外;而价值理性虽见长于对意义与价值的执着追求,但缺乏对客观事实和现实功用的关注。技术理性、工具理性和价值理性的追求和意旨都是单一的,二者在各自的轨道内单线发展,互不理会和承认,易于形成技术理性、工具理性的独断专行和价值理性的狂妄偏执,从而导致二者的分裂或冲突。

技术理性、工具理性的快速膨胀及其与价值理性的内在冲突,导致技术理性、工具理性

与价值理性在思想政治教育中的割裂与分野。一方面,过度重视和强调技术理性、工具理性导致思想政治教育的功利化、知识化、规训化,没有意识到这种手段的合理性并没有包括对善和美的追求,不会增加受教育者对生活的理解、对价值的追寻,掌握政治理论知识并不等于具备了良好的道德修养和精神涵养;过于注重政治道德认知和思维逻辑推理在教育中的应用,忽视了价值理性以及情感、意志等非理性因素在教育中的作用,使思想政治教育沦为空洞的道德说教和灌输,以至于思想政治教育有效性不足,并使思想政治教育沦为"智育"的附庸,与整个教育体系脱节,与生活世界剥离,人被当作工具来塑造,生活的实体被剪裁和肢解,人的本性被遮蔽,精神理性最终走向贫乏,剩下的只是被驯化的符号性存在。另一方面,过分强调价值理性,也因过于强调人的本质、人的价值、人的解放和人的发展,把思想政治教育各个要素都贴上"人"的标签,忽视人存在的历史条件和现实基础,抽象和蒸发了思想政治教育的政治本质和意识形态功能,也脱离了思想政治教育社会实践基础。

2. 以创新的方式,减少技术理性与工具理性,实现技术理性、工具理性与价值理性在思想政治教育中的融通

(1)思想政治教育实际效果的取得需要价值理性和技术理性、工具理性的协调统一。因此,大力弘扬和推进工具理性使之与价值理性同步发展,研究、探索并采用具有可操作性的技术手段、方法措施、途径方式的切实保障思想政治教育目标和理想的实现,应成为当前高校思想政治教育的一项迫切任务。首先,在思想政治教育中,要坚持内在尺度与外在尺度的统一、坚持合规律性与合目的性的融合统一,引导学生妥善处理好人与自然关系、科技与人文的关系、科教兴国与可持续发展的关系等重大关系。

(2)选择利用好传统载体,开发创新思想政治教育载体。思想政治教育的主体只有以一定的载体为中介,才能将思想政治教育的内容传递给受教育者,让受教育者内化为自觉的思想观念,并以此指导自己的行动,取得思想政治教育的实效。在载体的选择和使用上,既要选择利用好传统载体,根据教育对象和教育情境的不同,运用课程、讲座、研讨等传统载体,也要结合时代特征,改进运用传统载体,如根据时代发展建设并运用校园文化、社区文化、村镇文化、军营文化、企业文化、家庭文化等文化载体,以增强思想政治教育的吸引力和渗透力,还要大力开发创新载体如网络载体等,充分利用网络载体具有的信息内容的海涵性、传播方式的交互性和平等性、传播手段的兼容性或多媒体性、信息传播的多样性和时效性等有利特点,迅速构建并充分发挥网络平台的作用,增强思想政治教育的实效性。

(3)改进、丰富思想政治教育方式、方法和手段。特别是要广泛开展形式多样的实践活动,诸如科技创新活动、文艺体育活动、参观考察活动、社区服务活动、志愿者服务活动、学习先进活动、精神文明创建活动、纪念日主题教育活动等,寓思想政治教育的内容和目的于丰富多彩的实践活动中,通过生动多样的活动形式,增强人们道德认识和政治责任感,另外还要改变单纯"显性教育"方法,使"显性教育"和"隐性教育"相结合,强化思想政治教育的渗透性,把思想政治教育的理论内容渗透到其他学科的教学内容和教学过程中,潜移默化地实现思想政治教育的目的。

(4)还要不断完善思想政治教育制度和机制。一是建立完善协调机制,统一整合利用物质的、精神的、科技的等一切资源,协调动员政府、学校、家庭、科研单位、社会团体、中介组织、传媒等一切力量,使之形成合力,发挥其协同性、一体化功能。二是建立完善沟通机制。

在不同教育主体之间、教育主体与客体之间形成经常性的、富有针对性和时效性的沟通交流机制，在相互尊重、信任、平等的前提下，积极倾听、理性交流、民主协商，达到思想的理解、情感的沟通、利益的调节和人际关系的调整。三是建立完善激励机制，调动人们的积极性，特别是要以政治上的进步激励和引导人们树立正确的世界观、人生观和价值观，树立民族自尊心、自信心和自豪感；要建立目标激励，以目标来调动人们的积极性、主动性和创造性；要强化榜样激励，通过榜样的树立激发人们的进取心等。四是建立完善评价机制，确立科学、合理的评价标准和评价指标体系，在此基础上建立完善科学的评价机制，对教育内容是否合适、教育方法是否适当、受教育者的思想政治素质是否提高、教育目标是否实现等进行评估。通过恰当、理性、科学的评价，来诊断和调整思想政治教育过程，激励和强化思想政治教育效果，促进和提高思想政治教育水平。

第七章 现代素质教育视域中的大学生思想道德教育

素质教育是当代高等教育必然的发展趋势。从素质教育的视域来看大学生思想道德教育的问题,首先,要澄清素质教育与大学生思想道德教育之间的关系;其次,在具体的教育实践中人文素质教育、文化素质教育和科技道德素养教育构成素质教育和大学生思想道德教育二者之间的纽带。

第一节 素质教育与大学生思想道德教育

在科技突飞猛进、综合国力竞争日趋激烈的时代,思想道德教育主导着社会主义现代化建设的进程,而由应试教育向素质教育的转变是社会主义现代化建设的迫切需要。如何处理好思想道德教育与素质教育的关系,加强思想道德教育,使其适应素质教育的需要,更好地为现代化建设服务是当前思想道德教育工作亟待解决的问题。

一、思想道德教育与素质教育的关系

思想道德教育与素质教育密不可分,分析二者的关系并将其应用于实践,对于加强思想道德教育,发挥其对社会主义现代化建设的主导作用具有巨大的指导意义。

素质教育是以发展学生各种专业能力和综合能力为核心的教育。它是一种通过加强和提高学生个人的人文素质、科技素质、心理素质和身体素质进而全面发展学生的综合能力,培养学生自主发展和创新能力的教育模式;思想道德教育则是以政治思想为核心和重点的思想、道德、心理的综合教育实践。不难看出二者在概念的外延上是交叉的:思想道德教育是素质教育的重要组成部分。

实施素质教育,就是全面贯彻党的教育方针,以提高国民素质为根本宗旨,以培养大学生的创新精神和实践能力为重点,造就"有理想、有道德、有文化、有纪律"的德、智、体、美、劳全面发展的社会主义事业建设者和接班人。也就是说,实施素质教育必须把德育、智育、美育、体育、劳动教育有机地统一在教育活动中。学校教育不仅要抓好智育,在当前环境下,尤其要重视德育(思想道德教育)的大力发展。思想道德素质是最重要的素质,和谐全面发展的核心是高尚的道德。思想道德教育正是以思想道德素质这一素质为基础,推进人全面素质的提高的教育实践。

那么,为什么说思想道德素质是最重要的素质呢?首先这是由思想道德素质本身的性

质决定的。在人的综合素质中,作为思想、道德、心理三方面结合的思想道德素质起着根本的导向作用,为其他素质的发展提供保障。政治素质解决立场、态度、理想等问题;道德素质解决行为习惯的实践问题;心理素质解决行动和意志的主动性和积极性问题,因此必须保证思想道德素质的主导地位。其次是由人才的培养目标决定的。

同时,思想道德教育也离不开素质教育这个载体。思想道德素质是最重要的素质,不断增强大学生的爱国主义、集体主义和社会主义思想是素质教育的灵魂,但思想道德教育作为素质教育的灵魂也必须有所依托,必须有自己的载体。因此思想道德教育不能脱离其他素质教育,没有中国历史、地理、文学知识和政治知识的武装,人们的爱国主义、集体主义和社会主义是很难建立的。总之,思想道德教育是素质教育的灵魂,素质教育是思想道德教育的载体,思想道德教育与素质教育密不可分,相互影响,相互促进。当前要加强对思想道德教育重要性的认识,巩固思想政治工作是其他一切工作的生命线的观念,同时充分利用素质教育这个载体,使思想道德教育适应素质教育的发展,以此加强思想道德教育,推进现代化建设的进程。

二、适应素质教育特性,加强思想道德教育

素质教育作为一种教育理念具有主体性、发展性、全面性和实践性等四个特性。根据思想道德教育与素质教育的关系,使思想道德教育适应素质教育的特性,加强思想道德教育,全面推进人才素质建设。

1. 适应素质教育的主体性,强化思想道德教育的自我教育功能

应试教育忽视教育者的主体性地位,习惯于讲授抽象、空洞的理论,抹杀大学生的主动性和积极性。而素质教育以科学的理念认为人的潜能是巨大的,教育的任务就是要通过科学的内容和方法调动大学生的能动性,培养其创造思维,增强其自我教育的能力,体现大学生在教育过程中的主体地位。良好的思想道德教育不仅是教育者主导作用的体现,更重要的是发挥大学生的主体能动作用。

适应素质教育的主体性就是要加强大学生的自我教育功能。要引导大学生依靠自身,自觉地接收先进思想和正确理论,克服不良行为,促使思想道德向良好的方向发展。正如著名教育家叶圣陶所说的,教育的目的就是为了达到不教育。思想道德教育者要通过科学的原则、准确的内容、灵活的方法引导大学生自我认识、自我评价、自我改造、自我践行,充分调动大学生自己教育自己的积极性。针对当前学生道德价值多元化、道德意志薄弱的特点(主要表现为对先进的道德意识和观念表示可敬不可学,不能把这些道德情感付诸道德实践中去,不能将良好的道德情感坚持到底,无法形成良好的道德行为习惯),努力培养他们品德修养能力。

在思想道德教育过程中,充分调动大学生的积极性,帮助他们正确理解和掌握道德概念,培养他们的自我道德判断能力,培养其自控能力;开展丰富多彩、生动活泼、有针对性的活动,寓教育于活动之中,做到"晓之以理、动之以情、导之以行、持之以恒",使他们形成正确的道德认识、高尚的道德情感、坚强的道德意志,直至形成稳定的道德行为习惯。(上述四者统一,即品德修养能力。)

2．适应素质教育的全面性，提高教育者素质，改善教育环境

素质教育认为要培养具备综合素质的人才就必须充分利用教育者、大学生、教育环境和教育媒介等各种因素，使之全面协调起来，共同促进教育目标的实现。素质教育这种全面考虑各种教育因素的思想应用到思想道德教育中，就是要全面考虑影响思想道德教育的影响因素，使其协调发展，共同促进思想道德教育效果的加强。思想道德教育主要由教育者、大学生和教育环境构成。除大学生在教育过程中起主体作用外，教育者在教育过程中起主导作用，教育环境是思想道德教育的重要影响。加强思想道德教育必须全面提高教育者素质，全面改善教育环境。

（1）素质教育要求教育者全方位提高自身素质。现代社会是信息的社会，知识不断更新，环境不断变化。新形势下的教育工作者不仅要传道、授业、解惑，而且要以培养学生的素质和能力为目标，以培养学生思想道德修养能力为重点，教会学生怎样做人，如何适应社会。因此，教育者要不断学习，获取知识，拓宽文化视野，提高综合素质，不断加强自身修养，发挥教育主导作用。当前尤其要增强教育者的创新意识，不断更新教育内容和教育方法，有针对性、高效地开展教育活动。如果一名思想道德教育者，不能完成从思想政治理论知识的传播者向适应素质教育的综合型教育者的转变，则根本谈不上加强思想道德教育。

（2）全面改善教育环境。大学生的思想道德素质必然受到外在环境的影响，社会、学校、家庭对于大学生思想道德素质的发展起着重要的作用。社会、学校、家庭应三位一体，齐抓共管，共同促进教育环境的改善。政府部门要清正廉洁，务实为民，依法执政；社会各界要遵纪守法，规范社会文化导向，传播有利于社会稳定、积极向上的观点及信息，同时政府要与社会团体、社会组织联合起来，共同改善思想道德教育环境，将不利因素转化为有利因素；学校要依靠教育力量灌输先进思想和理论，把握方向，从根本上抵制不良因素的负面影响，同时要以社会为依托，拓宽思想道德教育空间。积极开展社会活动，锻炼大学生品德修养能力，促进学校、社会教育的一体化，优化教育环境；家庭要形成诚实守信、光明磊落、尊老爱幼的风气，家长要以身作则，使思想道德教育延伸到社会、学校之外。总之，三种教育环境因素共同协调才能形成良好的思想道德教育环境。

3．适应素质教育发展性，创新思想道德教育目标、内容和方法

素质教育既是今天的教育更是面向未来的教育。素质教育依据当前人类知识迅速增长的现实，强调教育者要适应社会经济发展的状况，不断更新教育内容、创新教育方法，培养适应社会主义现代化建设的人才。如果不加快思想道德教育与素质教育相适应的内容、方法和体制的配套改革，那么思想道德教育只是流于理论上的探讨，很难落实到具体实践中，适应素质教育的发展性，就是要创新思想道德教育目标、内容和方法。

（1）在建设市场经济新形势下，思想道德教育目标要在"有理想、有道德、有文化、有纪律"四有新人的基础上强调协调性、进取性和创造性的统一。思想道德教育要结合经济、政治、文化发展形势，确立新的培养目标即社会主义的理想人格：具备远大的理想，以共产主义为奋斗方向，热爱祖国、热爱人民、关心集体，关心社会生活，具备民主、法制和竞争意识和为现代化建设服务的科学文化知识，独立、自强，勇于创新，充分发挥自身优势，等等。

（2）要以新视角建构中国现代思想道德教育理论体系，创新灵活、实用的教育内容。教

育要引导学生树立正确的世界观和方法论,结合新形势,加强形势政策、民主法制和维护社会稳定的教育,发扬优良文化传统,建立新的伦理观念,进行社会公德、职业道德、家庭美德的教育,同时引导学生树立适应市场经济发展的新思想和新观念,抵制各种错误思潮和腐蚀思想。

(3)在教育方法上针对新一代学生的思想特点,多与之沟通思想,交流观点,以感化教育为主,管理教育为辅。只有不断发展更新教育内容和方法,坚持培养社会主义理想人格的目标才能使思想道德教育立于不败之地。

4.适应素质教育的实践性,促进大学生知与行的统一

素质教育是知识与能力并重的教育,强调知识是能力的基础,学生要掌握广博的理论知识,同时也强调知识不等于能力,要把知识应用于实践,使知识始终处于实践状态。在我们的教育中长期存在着重知识、轻能力的问题以及高分低能的现象。这是素质教育反对和排斥的。同样思想道德教育也要适应素质教育实践性的要求,不能仅仅传授教育理论,忽视教育实践,忽视大学生知与行的统一。

思想道德教育者要经常组织和开展一些灵活多样、寓教于乐的活动,发挥这些活动在思想道德理论向道德行为实践转化过程中潜移默化的影响作用。组织大学生参观纪念馆,访问优秀团体,听取先进事迹报告会等活动,为道德行为实践奠定良好的道德认识基础;开展有益的社会活动如社会调查、公益宣传,等等;进行各种理论知识竞赛、文体比赛等,以巩固道德认识,培养道德情感,锻炼道德意志;在一定范围内树立可亲、可敬、可学的典型用以示范,以明确的目标加强大学生道德实践的动力;此外也要把思想道德教育渗透于教育管理中,运用一定的组织纪律和措施来协调、约束、规范大学生的行为,从另一面促进大学生由知向行的转化。

第二节　现代语境下大学生人文素质的特色培育

中国的高校人文素质教育已经进行了许多年,虽取得了明显成效,但如何把高校人文素质教育继续推向深入,并形成自己的教育特色,仍然是困扰高校人文教育的难题之一,迫切需要教育界和文化界探讨出新思路、新途径。针对这一情况,中国高等教育学会、东南大学、清华大学、华中科技大学等校曾经发起"中国人文教育高层论坛",以期通过高层探讨、名家演讲、提出阅读人文经典的倡议等方式,为中国高校人文素质教育把脉,推动其向更深层次发展。

一、高校人文素质教育的模式与特色

素质教育在美国被称为"通识教育",在日本被称为"完人教育",它是一种挖掘人才的潜在优势、激发人的创新能力的综合教育。1995年,原国家教委决定在高等学校加强大学生文化素质教育工作,并在北京大学、清华大学等53所院校进行试点。1998年,教育部成立高等学校文化素质教育指导委员会,同时批准建立32个国家大学生文化素质教育基地。

东南大学作为教育部高校人文素质教育的基地,高校人文素质教育起点高、影响大、特色鲜明,人称"东大模式"。东南大学的人文教育又称"通才教育",目的是要把大学生培养成为有哲理、有情趣、有品位、有高尚人格的人。他们的具体做法是以丰富多彩的文化活动为载体,对学生进行高校人文素质教育。东南大学每年都要邀请一些著名的文艺团体来校开展文艺活动,例如交响音乐会、民族音乐会、京剧演示会、昆剧联欢、经典话剧片段展演、世界影坛精品长廊、中国唐宋名篇名家朗诵会等,让学生们受到一次次生动的艺术熏陶和审美教育。

中国科学技术大学(以下简称"中国科大")的高校人文素质教育特色是追求"自然科学与人文科学的一体化"。自然科学与人文科学的一体化是科学发展的大趋势之一,中国科大致力于培养具有全面素质的高层次的科学技术人才,这是与当代世界高等教育体制接轨的重要举措,也是全面贯彻党的教育方针、推进全面素质教育的重大步骤。为此,他们成立了高校人文素质教学研究部,开展"魅力•人文"系列报告会,重点培养和提高理工科大学生的人文素质。他们的高校人文素质教育包括两个方面:一是学生活动,二是课堂教学。中国科大在国内率先实施了"大学生研究计划",开设研讨班课程,设立大学生科技创新活动基金和大学生实践与创新基地,鼓励本科生参加科技创新活动及到研究院所开展毕业论文设计等科研工作,同时加强学生的科学精神和人文教育,邀请著名科学家畅谈科学人生,为培养适应 21 世纪的新型人才奠定基础。

清华大学以"工程师的摇篮"著称,其根据当今世界人文科学与自然科学交叉发展、人文教育与科学教育走向融合的大趋势,依托强大的理工科背景,通过"文理渗透、学科交叉"的方式,形成了其高校人文素质教育的特色。他们在总结 20 多年文科复建经验的基础上,提出了"小而精、有特色、高水平"的文科发展新思路。20 多年来,清华大学按照综合性大学的模式,先后恢复建立了经济管理学院、人文社会科学学院、法学院、美术学院、公共管理学院、新闻传播学院等,覆盖 8 大学科门类,基本形成学科门类比较齐全的文科发展框架,实现文科的快速发展,并努力形成"中西融会,古今贯通,文理渗透,综合创新"的特色治学方式。以上模式和特色,基本上代表了我国高校人文素质教育的主流模式和个性特色。

二、高校人文素质教育的特色培育

21 世纪的中国大学将会更加注重坚持科学教育与人文教育的结合、人文精神与科学精神的统一,更多关注大学自身的气质、品位与神韵的养成与提升。为了适应这些教育发展新变化,高校人文素质教育也要采取相应对策,优化自己的特色培育。

(1)要引进国际高校人文素质教育新课程,建立高校人文素质教育课程新体系,实现高校人文素质教育的规范化和国际化。例如 STS(Science Technology Society)教育的文理交融就是一种很好的尝试。STS 最早产生于 20 世纪 60 年代是科学—技术—社会英文字母的缩写。其特点主要有:①重视科学知识在社会生产和生活中的应用;②重视技术教育,以使科学知识有效地转化为生产力;③强调科学技术在社会中的价值,培养学生科学的价值观;④重视素质教育而不是片面强调精英教育;⑤重视学生参与意识、扩展能力、处理信息和解决问题的决策能力的培养。STS 教育的目的是培养学生掌握与科学技术、社会有关的问题意识和知识,提高其解决科技所产生的诸多问题的能力,树立科学技术与社会协调发展的新型的世界观、人生观和价值观。其具体表现在:提高学生对科学技术与社会关系问题的研究兴趣;使其认识到科技对社会的正反面的影响,尤其是科学技术对环境的负面影响;使之认识自然科学与地理学、经济学、历史学等人文科学的密切关系;以辩证法的观点考察科学技术和人类现实生活之间的相互关系。

(2)坚持以人为本,把关心人、爱护人、培育人作为高校人文素质教育的核心价值,形成高校人文素质教育新模式。要通过文化素质教育,更新教育思想和教育观念,从更深的层面上思考教育价值观、人才观、质量观和教学观,有力地促进教育思想的转变。要把文化素质教育逐步落实到学校人才培养的全过程和教育教学诸环节,建立起内容覆盖课堂教学、校园文化和社会实践的文化素质教育体系。在高校人文素质教育阶段,要让每一个大学生都学会如何生存、如何做人、如何做事、如何处世,使每一个大学生都能成为一个人格健全的人、意志坚定的人、思想独立的人和富有爱心的人。

(3)强化公民意识,培养国际通用型人才。随着经济全球化时代的到来,一种"胸怀祖国、放眼世界"的新型公民意识正在形成。新型公民意识不仅要求大学生要懂得国际通用语言,熟悉国际交往的基本礼仪和规范,还要求他们必须摆脱狭隘的民族意识、落后的文化偏见、低劣的传统习俗,成为一名能够与各国各民族友好相处的世界公民,这就是所谓"大公民"的观念。这种新观念要求今天的人才要诚信守法、公正无私、自觉履行政治责任和社会义务,有文化、有思想、有远见,懂得世界发展大趋势,能够适应世界复杂多变的各种形式,为人类的进步、世界的和平做出贡献。

(4)强化科技伦理教育、环境伦理教育。我们反对自由主义,却不能反对自由;我们崇尚科学,但不能崇尚科学主义。科学主义把科学技术极端化、绝对化,有可能使人们丧失基本的人文精神和科技伦理、环境伦理,完全以征服者的姿态对待自然、对待人类。这是中国高校人文素质教育的最大障碍,也是树立高校人文素质教育特色的关键,突破了这个关键和瓶颈,我们的高校人文素质教育就会走出山重水复的困境,迎来柳暗花明的佳境。

第三节　大学生文化素质教育的课程

大学生思想道德教育是高校文化素质教育的主要载体,课程建设是高校文化素质教育的核心工作。在全面推进文化素质教育工作的思想引领下,我国高校的文化素质教育课程建设取得了显著的成效,但是要达到规范化的标准和水平还需进一步的努力。

一、高校文化素质教育课程规范化建设存在的问题

课程是高校文化素质教育的主要载体,这表现在无论是必修课还是选修课,都是高校实施文化素质教育的基本途径。由此,能否构建规范化的课程体系成为决定高校文化素质教育成效大小的重要因素。近些年,全国各高校的文化素质教育课程建设取得了令人瞩目的成绩,同时也存在一些亟待解决的问题,在成绩之上总结经验,在问题之中发现不足,并寻求开拓创新之道,更有利于工作的进一步开展。

目前,各高校几乎都有一些既体现国家统一要求又具有自身特点的文化素质教育课程建设的经验或做法。从整体上说,各高校的文化素质教育不仅在课程的规模和数量上都已

"达标"甚至"超标",在课程性质的把握上,"通识教育"的精神和理念也逐步深入,越来越能反映文化素质教育的根本宗旨。但是,当前各高校要在文化素质教育课程建设上取得更大的进步,就不能只在如何更多地开设符合国际潮流的课程等方面下功夫,而是要切实做好课程建设的规范化工作。之所以提出文化素质教育课程规范化建设的问题,正是基于当前高校文化素质教育课程建设所存在的若干有待规范的现象。这些现象概括起来主要有以下几点。

(一)文化素质教育课程的定位有待规范

课程定位在课程建设各个环节之中居于首要位置,课程有了明确的定位,课程的内容选择、结构优化、讲授组织、考核评价等其他环节才有了基调。当前,高校文化素质教育课程的定位需要进一步规范之处主要表现在:要明确文化素质教育的最终目标是知识传授还是素质培养。我们认为,培养高素质的大学生是高校文化素质教育的最终目标,知识传授在这个目标实现的过程中只是一个手段。应当说,这个目标定位无论对于文化素质教育的管理者还是实施者来说,一般不存在认识问题,但由于受到当前高等教育过于强调课程的专业性、过于看重课程的直接效果等倾向的影响,文化素质教育课程在实施过程中常常出现目标偏离,也就是出现以知识传授为导向的文化素质教育课程居多,培养学生全面素质的课程偏少;把文化素质教育仅仅看作专业课的补充或是选修课学分的扩展,授课过程中教师对学生的要求也相对降低等现象。要改变这种现状,就必须在课程实践的全过程始终把提高学生文化素质、促进其全面发展作为高校文化素质教育的基本定位。也就是说,要充分认识到文化素质教育不应仅仅是某些知识或技能的获得,而且关系到学生在知识、道德、批判性思维、创造性、想象力等各方面综合素质的均衡发展。

(二)文化素质教育课程的稳定性有待规范

教育部提出加强文化素质教育课程建设的指导意见之后,各高校都在力图探索适合自身特点的可持续发展的课程体系,但实际上,很多高校的文化素质教育课程却经常处于不断的变更、调整之中。有的由于学科结构调整,文化素质教育课程性质被改变;有的由于学校发展思路调整,文化素质教育课程规模被削弱;有的由于师资条件变化,调整授课教师甚至取消课程;有的由于管理方面的原因,部分课程时而开,时而不开;有的由于文化素质教育创新的需要,新课代替旧课……诸如此类,可以总结出两个突出问题:首先是"因人设课",即开设哪些课、何时开课没有统一、明确的计划,却取决于有哪些老师以及在哪些时间能开出这些课,不能顾及课程体系以及课程结构的合理性。其次,文化素质教育课程的授课教师多处于"孤军奋战"的状态,而不是"团队作战",即没有形成一支高素质的文化素质教育团队,或组建单独管理并组织实施文化素质教育课程的机构。鉴于目前大部分高校的实际情况,要保证文化素质教育课程的稳定性需要做大量工作。

(三)文化素质教育课程的管理有待规范

对于大多数专业课来说,规范化的管理大体上就是教师、学生和学校教务处等相关部门都能按章行事,使课程沿着预定的目标顺利地开展,但是对于文化素质教育这样一类性质特殊的课程来说,还有某些特殊要求,即它不仅要接受学校教务部门对于课程实施和授课评价等环节的管理,同时还要设置独立的文化素质教育管理部门以承担开课审核等管理职能,当前大多数高校的文化素质教育课程能否开设多由教师个人决定,缺乏独立的机构在开课前对课程性质和课程内容等方面进行把关。当然,与其他课程一样,文化素质教育授课过程接受教务部门的督导管理也是必要的,没有这一环节也难保证授课质量。

(四)文化素质教育的教材有待规范

高质量的教材既是文化素质教育课程建设标志性的成果,也是文化素质教育课程建设取得实效的基本保证。当前,我国高校文化素质教育课程开设的数量越来越多,与之配套的教材却非常少。不少教师或者用零散的自编讲义,或者用通论式的专业著作等当教材,这些做法都使文化素质教育课程具有很大的随意性或过强的专业性。因此,教材建设是当前文化素质教育课程建设需要特别重视的。如今,各高校文化素质教育的教材建设受制于两个条件:第一个条件是,学校能否组建一支教材编写的师资队伍,能否聘请相关领域的权威专家对教材编写进行指导,甚至参与教材的编写。第二个条件是,学校能否给予大力度的支持,包括提供经费和时间保障,把教材编写与科研成果同样对待等。各高校只有在主客观两个层面共同努力,才能保证高质量的教材建设。

二、高校文化素质教育课程规范化建设的体会

随着各高校文化素质教育课程建设工作的逐步推进,出现了诸多具有创新意义的理论探索以及各具特色的实践经验,总结我们自身的理论探索心得和课程实践体会,主要有如下几点。

(一)开展适合本校特点的文化素质教育是课程规范化建设的基本前提

文化素质教育课程的规范化不是整齐划一,不是抹杀各个高校自身的特点和自身所具有的优势,恰恰是要既能遵循文化素质教育自身的发展规律又能体现高校自身的特点和优势,即达到富有实效的共性和个性相统一,这才是文化素质教育课程规范化的根本宗旨。这一理念要求文化素质教育课程的设计、实施、评价等环节都要符合学校自身发展的现状,要量力而行,逐渐积累,而不能好高骛远,华而不实。正如那些通识教育开展得较好的国家和地区的高校,虽然在通识教育核心课程的质量、分量、严肃性和严格性都是相似的,但它们却都有着自己学校的鲜明特色。例如哈佛大学和哥伦比亚大学在通识教育上同样卓有成效,却有着不同的教育机制,这些不同的教育机制是与它们各自的历史传统、政策支持和发展方向密切相关的。因此,我国各高校如果只是一味地照搬国外通识教育的模式,而不顾我国高等教育发展的实际情况以及自己学校具有的特点和优势,那么,我们的文化素质教育课程只会变得支离破碎或蜻蜓点水,缺乏深度和内涵。

(二)合理规划文化素质教育的课程结构是课程规范化建设的重要环节

文化素质教育课程体系是一个庞大的系统,在体系之内它涵盖着种类众多的课程,在体系外它又与其他纷繁复杂的各类学科相关联。具体地说,文化素质教育课程与其他公共必修课、公共选修课、专业基础课、专业课一起共同构成本科教育的课程体系,体系之中的各类课程相互支撑。高等教育不能忽视文化素质教育课程的作用,因为正是文化素质教育课程

在本科教育的课程体系之中连接和凝聚着其他各类课程,进而使得所有课程成为一个有机的整体。但是,文化素质教育课程毕竟有着自身的特点,在本科教育的课程体系之中也构成一个相对独立的系列。所以文化素质教育不能取代专业课,专业课也不能取代文化素质教育课。长期以来,受文化素质教育课就是让学生获得知识、让学生"什么都知道一点"等偏见的影响,一些高校把英语课、体育课、计算机课等公共选修课都纳入文化素质教育课程的范畴,这样,文化素质教育课程的学分就几乎占到学分总数的一半以上,无疑扩大了文化素质教育课程的范围,使得文化素质教育的课程结构失去科学性。一些高校受通识教育理念之影响,甚至把文化素质教育课程等同于美国的"通识教育",将某些专业色彩较重的课程也列入文化素质教育课程的范畴,这样又缩小了文化素质教育课程的范畴,也使得文化素质教育的课程结构失去科学性。总之,希望通过全方位素质教育,将文化素质教育与专业教育有机地结合起来,切实提高大学生以文化素质为核心的全面素质。

(三)理顺文化素质教育的管理机制是课程规范建设的有力保障

任何一项工作要取得实效都要理顺相应的管理机制。理顺文化素质教育课程的管理机制首先必须得到学校层面及各职能部门的支持和配合。

笔者的研究成果如下:首先,成立"大学生文化素质教育指导委员会",统筹协调文化素质教育课程的建设工作。指导委员由学校领导、相关职能部门负责人、各学院院长构成,定期召开委员会工作会议,制订工作计划,研讨理论问题,推进重大项目,总结工作成绩。其次,成立独立的文化素质教育管理、协调与研究部门——素质教育与现代文化研究所,并配有多名专职教师,贯彻落实课程建设工作。所开展的工作主要有,拟定学校文化素质教育发展的战略,整合各种资源,协调各部门开展文化素质教育课程和活动等。文化素质教育管理部门对于课程的管理不仅在于教学管理,更在于课程开设之前课程目标的制定、课程内容的选择、课程讲授方式的确定等环节的管理。最后,建设一支高水平的文化素质教育教师队伍,确保高质量的文化素质教育课程持续稳定地进行。如果某高校文化素质教育办得好,不会仅仅是一个或几个老师讲得好,更应是它拥有一支高水平的文化素质教育课程的教学团队。

第四节　大学生科技道德素质的养成

当代科技的发展比以往任何时代更需要伦理道德的引导和控制,这也使得人们越来越关注作为未来科技工作者的大学生群体的科技道德素质养成问题。科学技术的迅猛发展也凸现了作为科技道德素质养成重要途径的科技道德素养教育的必要性和必然性。

一、大学生科技道德素养教育提出的时代背景

当代科技发展的影响无所不在,渗透于社会生活的各个领域。值得注意的是,科学技术作为一把双刃剑,一方面给人们的生活带来了巨大福祉,另一方面也引发了无数令人困扰的问题,因此它的发展需要得到及时、有效的控制和引导,而科学发展观理论的提出正为当代科技革命的深入展开和人类社会的不断进步提供了基础性的理论支撑和引导性的实践指

向。概括说来,科学发展观的理论对于我国当代科技事业的发展起着根本性的指引作用,在科学发展观的时代背景下更加突出伦理价值观和道德规范的重要作用。充分发挥伦理道德在科技发展中的积极的指引作用,既是贯彻和落实科学发展观的根本要求,也是社会主义现代化建设的必然选择。要充分发挥伦理道德在科技发展过程中的积极的指引作用,最基本的途径就是加强科技道德素养教育,即要通过深入的教育使广大的科技工作者,尤其要使大学生等潜在的科技工作者不断提高科技道德素养。换句话说,科技道德素养教育是引导科技工作者,尤其是大学生等潜在的科技工作者在树立正确的科技道德观、开展健康积极的科技活动、从事认真谨慎的研究工作等方面的主要途径,也是发挥科技道德在科技发展过程中指引作用的主要手段。进一步说,科学发展观的贯彻和落实必然要加强和改进大学生等群体的科技道德素养教育,加强和改进大学生群体的科技道德素养教育也必将推进科学发展观的贯彻和落实。在科学发展观的时代背景下,要充分认识到大学生科技道德素养教育的必要性和紧迫性,并对其进行不断的改革和创新。

二、大学生科技道德素养教育的内容

如何使当前的大学生科技道德素养教育既适应科学发展观之时代背景在科技道德素养理论创新上的新要求,又使其保持原有教育内容的连贯性和基本观点,即如何将教育理论分解为具体的、可操作的教育内容,这是当前大学生科技道德素养教育所面临的紧迫课题。我们认为,科技与伦理之间的关系、科技与人文之间的融合、科技工作者的职业道德规范以及科技政策法规的普及等问题既是新形势下科技界、教育界乃至大众文化所关注的焦点之一,也是高校之中大学生等群体所无法回避的社会发展的现实,并且它们与科学发展观的诸要义是紧密相连的,应当成为科学发展观时代背景下大学生科技道德素养教育的内容。

(一)把科技与伦理之间的关系作为教育的基础内容

科技与伦理之间的关系是科技哲学、科技伦理学、科技道德(素养)教育等学科的理论根基,它包括丰富的教育学、哲学和社会学的知识。通过科技与伦理之间关系的教育有助于培养大学生良好的科技道德素养,以及树立正确的科技观和社会观。科学发展观作为一种广义的伦理价值观,其全面协调可持续的基本要求是科技事业健康、积极发展的根本保证,也是正确处理科技与伦理之间关系的重要标准。科学发展观理论的提出为"科技与伦理之间的关系"这一科技道德(素养)教育学的理论根基赋予了新的时代内涵。科技与伦理之间存在着相互影响、相互作用的辩证关系。具体地说,一方面科技发展对人类道德观念的更替起着重要作用,即科学技术的发展推动了道德观念的革新。许多科学发明、科学发现都大大地更新了不合时宜的道德观念,并为新的道德观念的确立开辟道路。特别是科学精神、科学意识、科学方法深入到社会生活之中,对道德观念沿着人类文明方向前进起到至关重要的作用。尽管在科技发展的过程中会产生一些负面效应,但这并不是科技发展本身所带来的必然结果,而是由于人们不正当的、缺乏引导的行为和活动所造成的,也是由于人们对科技发展的客观规律的掌握还不够全面,认识还不够完整所造成的。这些负面效应的最终解决,有赖于科技发展更合乎一定的伦理关系,更合乎科学发展观的要求。另一方面一定的伦理关系也制约着科技的发展。合理的伦理关系对于科技发展起积极的促进作用,而落后的伦理关系对于科技发展起消极的阻碍作用。颇有争论的克隆技术从研制、开发到应用,一直得到一部分人的支持和另外一部分人的反对,从中可以明显地看出科技与伦理之间相互影响和相互制约的关系。

(二)把科学与人文之间的融合作为教育内容的导向

科学与人文的融合是现代教育的必然趋势,它在科技道德素养教育中体现为科学精神与人文精神的融合,此二者都是在漫长的社会实践中形成的,在本质上是相通的。在科学精神中包含着人文精神的要素,在人文精神中也包含着科学精神的成分。一方面,以追求真理为根本任务的理性探究精神是科学精神的主旨,而求真务实的境界也是人文精神所要力求的目标。另一方面,作为人文精神重要内容的自我与社会、自我与他人、自我与自身、自我与自然之间的和谐与统一,也是科学精神的精髓所在。正如杜维明教授所指出的,宽广的科学精神与人文精神之统一大致包括个体、群体、自然等层面的健康互动,即在个体与群体之间、个体与他人之间、个体与自然之间取得和谐的氛围。在科学发展观的时代背景下,科学发展观的理论核心——以人为本,要求把促进经济社会发展与促进人的全面发展统一起来,就是要把科学技术的大发展与促进人的全面发展统一起来,也就是要推进科学精神与人文精神之间的融合。高等教育要使大学生群体真正领会以人为本的精神实质,不能是空洞的灌输,而要通过丰富、生动的教育内容吸引、打动他们,使以人为本的观念深入其内心。因此,当前广大的教育工作者要开阔视野,扩展思路,将蕴涵在现代化进程中大量有关科技发展的事件和案例创造性地转化为现实的人文教育素材,而不是将二者割裂开来,即当前的大学生科技道德素养教育要以科学发展观为指导,将人文与科学之间融合的要求纳入教育内容,适应科学发展观背景下时代发展的必然要求。

(三)把科技工作者的职业道德规范作为教育的核心内容

大学生科技道德素养教育面对的是潜在的科技工作者,针对这个群体的教育要以科技工作者的职业道德规范作为教育的核心内容。1984年,一批科学家联名制定出著名的"乌普斯拉规范"。该规范提出了科学工作者应遵守的道德规范:①不能让科学研究的过程及其成果的应用破坏生态环境。②不能让科学研究的后果给我们的后代带来危害。③科学家应估计到其研究所带来的后果并承担相应的责任。④当科学研究及其应用与现时的伦理关系、道德规范发生冲突时,应中断研究并声明原因。该规范对于我国高校制定科技道德规范,进而开展有效的大学生科技道德素养教育有借鉴意义。

当前,我国大学生的科技道德素养教育所要面对的科技道德规范大致包括:①爱岗敬业。科学研究是一项艰苦且复杂的活动,它一方面要求科技工作者具备从事科学研究的顽强毅力和十足勇气,另一方面更需要有为科学事业而献身的精神。②求真务实。科学研究是探索客观世界发展规律的过程,这要求科技工作者必须尊重事实,同时要勇于承认错误并及时纠正。③勇于创新。创新是民族振兴的灵魂和国家强盛的不竭动力,在科学发展观的时代背景下,科技事业的大发展更需要培养创新精神和创新能力,这就要求通过教育使大学生不能墨守成规,不能拘泥传统,而要积极探索,锐意创新。④淡泊名利。只有伟大的人格才能取得伟大的成就,这就要使大学生把个人修养与科研实践统一起来,而不为一时的利益所动。⑤集体合作。集体合作是科学研究的必要环节,个人只有在团结互助的合作环境中才能实现个人的发展和事业的进步。

(四)把科技政策法律法规作为教育的补充内容

加快制定并完善各级各类科技政策法律法规,以法规、政策和规章制度等形式来促进广大科技工作者以及潜在的科技工作者(大学生等群体)进行科技道德的自我约束,也是科技道德素养教育的一种重要形式。从宏观上来讲,各地区、各部门在制定相应的科技政策法律法规时,不能仅仅考虑本地区、本部门一时的经济利益的需要,而且要注意各项事业的发展与科技发展相协调,即促进本地区和本部门的协调发展,惩罚和制裁违反科技政策法律法规的行为,提倡和鼓励坚守道德的科技活动和科研行为。在这方面国外做得相对规范,英、法、意等欧洲国家都有专门的法律法规,对高校的科技人员(包括大学生)从培养、管理、任用再到就业都有着相关的明文规定。一些国家对不端的科研行为除了加以道德约束之外,对严重违反科技道德的行为还要用法律来约束。1999 年 11 月,我国科技部联合相关部门一起颁发了《关于科技工作者行为准则的若干意见》,提出科技工作者在科技活动中所要遵守的规范。2007 年 1 月,科协通过《科技工作者科学道德规范(试行)》,科技工作者的职业道德和学术规范做出了详细的说明,还对惩罚学术不端行为的办法做了规定。可以说,这两条政策是我国科技道德政策法律法规、规章制度等方面的典范,也成为我国当前科技道德政策法规教育的重要的补充内容。作为现代化建设接班人的大学生群体当然有必要接受这方面的教育。把科技政策法规教育作为科技道德教育的必要补充对于推进大学生科技道德教育改革,深入贯彻落实科学发展观具有重要的指导意义。

三、大学生科技道德素养教育的途径

当前,科技道德教育突破了传统意义上的科技工作者的职业道德教育的模式,拓展为以面向科技工作者为主,包括大学生等群体的全方位教育。大学生群体的扩大要求对传统的教育途径进行创新,改变以往单纯的宣传引导性的教育模式,更广泛地应用诸如开设专门课程、辅助课程、通识课程,开展学术活动、科技活动等办法,促使大学生树立正确的科技道德观。

(一)以课程教学开展大学生科技道德素养教育

(1)以思想政治理论课开展大学生科技道德素养教育。当前,高校的思想政治理论课仍是对大学生进行系统的思想政治理论教育、道德教育的主渠道,因而科技道德素养教育的内容应纳入其中的教学安排。例如,医学、建筑、信息、工程、师范等一些专业类院校以及特殊专业的大学生要在其专业基础课程职业道德之中加大科技道德素养的教育力度。为取得良好的教育效果,思想政治理论课教师,特别是思想道德修养与法律基础课的教师必须掌握一定的自然科学技术的基础知识,这样才有助于其深刻认识科学技术的社会功能及其对社会道德观念所产生的影响,进而更有效地开展教育活动,教育学生。同时,作为教育者的大学教师在教研活动、科技活动中要率先垂范、以身作则,做科技道德的榜样,只有教育者展现出良好的科技道德素养,学生才能真正地认可教育,加强教育的实效。理工科高校以及理工科专业还可以通过自然辩证法等课程的教育提高大学生

的科技道德素质,使这些课程成为培养其科学精神和人文精神的主阵地。此外有条件的学校可以为大学生开设科技哲学、科技伦理学等选修课程,这些课程都是对大学生进行系统科技道德教育的好形式。

(2)以科技史课程开展大学生科技道德素养教育。科技史教育既是科学技术知识教育的基本内容,也是科技道德素养教育不可或缺的内容。正如有的学者所指出的,科技史是关于科学技术发展过程的经验总结及其发展规律的理性概括,它有着重要的道德教育的功能,即有助于培养学生形成献身科学、团结协作、尊重学术等优良的道德素养。这样,在科技史课程的讲授过程中就要充分重视科学家优秀品质的道德示范作用。但凡在科技史上知名的科学家都是表现出优良道德素养的人,也正是高校进行科技道德素养教育的宝贵资源。例如,伽利略以追求真理的勇气,坚决不向恶势力低头;爱因斯坦对原子武器生产所进行的深刻反省;居里夫人献身科学、淡泊名利等感人事迹都是鞭策和鼓舞大学生投身科学、报效祖国的动力。在具体操作的层面上,科技史的教育可以不单独开设,即可以将其广泛地渗透在专业课程之中。笔者的一项相关调查显示,73%的大学生希望教师能在专业课(甚至在思想政治理论课)授课的过程中讲授本专业的优秀学者们是怎样通过自身的努力达到专业前沿的。其中无疑包含着大量的科技道德素养教育的素材。可见,渗透在专业课之中的科技史教育为大学生科技道德教育的开展提供了广阔的空间。

(3)以通识课程开展大学生科技道德素养教育。通识教育是一种综合性质的教育,它在使学生的知识融会贯通的同时,培养其对于自我、对于他人、对于社会、对于自然等各种关系的良好判断和选择能力。开设通识教育对科技道德素养教育这样一门跨科学技术领域与人文知识领域的学科也具有重大的实践意义。在通识教育的课程中介绍科学技术发展的最新状况,如信息科学中的网络技术、生命科学中的基因技术、克隆技术等方面的知识,既可以丰富大学生的知识视野,达到通识教育本身的目的,也能为高校开展科技伦理学、科技道德素养教育奠定认识和理解的基础。因此,为实现专业人才培养所开设的大多数通识课程,都可以从课程的实际出发有针对性地进行人文和科学相融合的教育,即通过通识课程培养学生求真、务实的科学精神以及人道、人本的人文精神。这种将科技道德素养教育渗透到具体的通识教育课程中的教育是一种无形的教育,对于大学生来说是终身受益的。

(二)以实践活动开展大学生科技道德素养教育

(1)以科研实践开展大学生科技道德素养教育。课程教育是大学生科技道德素养教育的主渠道,但高校在科技道德素养教育中还要充分发挥科研实践这一途径难以替代的功能和实效。首先,学生在高水平教师的指导下参与科研实践,可以得到最直接的教育。在这个过程中教师要充分发挥自身言传身教的道德示范作用。其次,通过科研实践还可以使大学生体会到科研工作是一项探索性的创新活动,也要使他们认识到只有不畏艰辛的人才能达到科研的顶峰。再次,通过科研实践使大学生们看到我国与科技事业发达的国家之间的差距,进而激发他们的责任感和使命感。最后,在科技实践活动中要让大学生体会到贯彻和落实科学发展观的必要性,认识到科学发展观是我国经济社会发展的重要指导方针,是现代化建设必须坚持的重大战略思想。

　　(2)以职业教育开展大学生科技道德素养教育。针对科技工作者尤其是大学生群体等潜在的科技工作者的科技道德素养教育要做到科研道德与职业教育相结合。首先,加强大学生的思想政治理论学习,当前尤其要加强科学发展观的学习和研究,这是新时代大学生科技道德素养教育的关键环节。第二,把科研道德教育作为大学生科研基本功训练的必修科目以及就业之前的必要指导。其内容主要包括使他们认识到养成科技道德素养的意义,掌握基本的科技道德规范,了解我国有关科技道德的政策、法规和规章制度等。第三,要经常宣传、表彰、奖励科研道德突出的大学生、研究生,通报批评在日常学习、学术活动和科技活动中不道德的行为,为营造良好的校园学习和研究氛围而做努力。

参考文献

[1] 李枚晏. 大学生思想政治教育管理与实践研究[M]. 北京:中国华侨出版社,2021.

[2] 钱关昕. 大学生国学道德素质基础[M]. 哈尔滨:哈尔滨工程大学出版社,2017.

[3] 张姝. 高校大学生素养与思想政治教育工作创新研究[M]. 北京:中国华侨出版社,2021.

[4] 谈娅. 新时代高校思想政治教育创新研究[M]. 重庆:西南师范大学出版社,2021.

[5] 刘姣. 当代大学生思想道德教育创新研究[M]. 成都:西南财经大学出版社,2020.

[6] 高玲. 大学生主题教育体系的路径创新[M]. 西安:西北工业大学出版社,2020.

[7] 易志军. 大学生思想政治教育教程[M]. 北京:团结出版社,2020.

[8] 齐爱花. 当代大学生道德素质教育理论与实践研究[M]. 北京:冶金工业出版社,2020.

[9] 陈桂蓉. 中国思想道德教育名篇精要研读[M]. 北京:中央编译出版社,2019.

[10] 闫桂伦,贾宁宁. 大学生思想政治教育基础[M]. 北京:经济日报出版社,2019.

[11] 余小波. 新时代大学教育思想研究[M]. 长沙:湖南大学出版社,2019.

[12] 镇方松. 新媒体视域下大学生思想政治教育研究[M]. 北京:北京理工大学出版社,2018.

[13] 陆铭,贾连莹,李鹏. 大学生思想道德教育与中国文化融洽[M]. 哈尔滨:黑龙江教育出版社,2018.

[14] 张妍妍. 大学生思想道德与法治教育实例研究[M]. 桂林:广西师范大学出版社,2018.

[15] 贾灵充,周卫娟,赵艳娟. 当代大学生核心素养与思想政治教育研究[M]. 北京:新华出版社,2018.

[16] 郭安宁. 大学生诚信教育研究[M]. 沈阳:辽宁大学出版社,2018.

[17] 邱其荣. 社会主义核心价值观引领大学生思想政治教育研究[M]. 北京:中国商务出版社,2018.

[18] 杨旭. 新时代大学生思想道德教育与法律素质研究[M]. 成都:电子科技大学出版社,2017.

[19] 王渊. 基于科技伦理视角的大学生网络道德教育研究[M]. 武汉:中国地质大学出版社,2017.

[20] 吴平,刘琦. 高校大学生素养与思想政治教育研究[M]. 成都:电子科技大学出版社,2017.